Lyrik lesen!

GEDICHTE VOM MITTELALTER BIS ZUR GEGENWART

Texte **Medien**

Lyrik lesen!

Gedichte vom Mittelalter bis zur Gegenwart

Erarbeitet von Peter Bekes

Schroedel

Texte.Medien

Herausgegeben von Peter Bekes und Volker Frederking

Druck A 1 / Jahr 2013
Alle Drucke der Serie A sind im Unterricht parallel verwendbar.

Redaktion: Frank Sauer
Herstellung und Satz: Ira Petersohn, Ellerbek
Reihentypografie: Iris Farnschläder, Hamburg
Druck: pva, Druck und Medien-Dienstleistungen GmbH, Landau
Titelbild: Salvador Dalí: Die meditative Rose, 1958;
Artothek, Weilheim / © Christie's Images Ltd /
© VG Bild-Kunst, Bonn 2013

Das Texte.Medien-Programm zu »Lyrik lesen!«:

978-3-507-47810-7 Textausgabe mit Materialien
978-3-507-47910-4 Informationen für Lehrerinnen und Lehrer mit Arbeitsblättern

Informationen und Materialien im Internet:
www.schroedel.de/textemedien

ISBN 978-3-507-47810-7

Inhalt

Entfremdung und Trennung

Natur

Stadt

Krieg und Frieden

Politik und Gesellschaft

Sprache und Kommunikation

Sprache

Vorwort

Die vorliegende Gedichtsammlung bietet einen Überblick über die Geschichte der deutschen Lyrik vom Mittelalter bis zur Gegenwart. Auswahl und Anordnung der Gedichte orientieren sich an zwei Kriterien: an der Thematik und ihrer historischen Abfolge bzw. Entwicklung.

Im Rahmen der Geschichte der Lyrik gibt es einen festen Bestand an Themen und Motiven, mit denen sich Autorinnen und Autoren immer wieder auseinandergesetzt haben. Dazu gehören Liebe, Natur, Stadt, Krieg und Frieden, Lebensführung und Sinnentwürfe, Politik und Gesellschaft, Sprache und Kommunikation sowie die Poetologie. Deren Vorkommen in unterschiedlichen Epochen legt die exemplarische Untersuchung bestimmter Gedichte und deren vergleichende Analyse nahe, mit dem Ziel, spezifische Entwicklungslinien – im Spannungsfeld von Bewahren und Verändern – aufzuzeigen.

Dabei erwies es sich als unverzichtbar, für die Schule auf repräsentative Muster der Gattung zurückzugreifen, d. h. solche Gedichte auszuwählen, die heute als Initialpunkte, als poetische Zeugnisse eines Wandels bzw. einer entschiedenen Neuorientierung der Form oder als herausragende Beispiele für deren wirkungsgeschichtliche Bedeutung gelten.

Im Materialienteil dieser Anthologie finden sich wichtige Dokumente zur Bestimmung, Entstehung und Wirkung der Lyrik. Daneben werden im Rückgriff auf bestimmte Aufgabenformate konkrete Hinweise zur Erschließung der Texte gegeben. Bausteine zur literaturgeschichtlichen Einordnung der jeweiligen Texte bietet abschließend die Übersicht über wichtige Epochen der deutschen Lyrikgeschichte.

Liebe

Tamara Lempicka: Idylle, 1931

Heinrich von Morungen

Owê, sol aber mir iemer mê

12. Jh.

Owê, –
Sol aber mir iemer mê
geliuhten dur die naht
noch wîzer danne ein snê
ir lîp vil wol geslaht?
Der trouc diu ougen mîn.
ich wânde, ez solde sîn
des liehten mânen schîn.
Dô tagte ez.

Owê, –
Sol aber er iemer mê
den morgen hie betagen?
als uns diu naht engê,
daz wir niht durfen klagen:
»Owê, nu ist ez tac,«
als er mit klage pflac,
dô er jungest bî mir lac.
Dô tagte ez.

Owê, –
Si kuste âne zal
in dem slâfe mich.
dô vielen hin ze tal
ir trehene nider sich.
Iedoch getrôste ich sie,
daz sî ir weinen lie
und mich al umbevie.
Dô tagte ez.

»Owê, –
Daz er sô dicke sich
bî mir ersehen hât!
als er endahte mich,
sô wolt er sunder wât
Mîn arme schouwen blôz.
ez was ein wunder grôz,
daz in des nie verdrôz.
Dô tagte ez.«

neuhochdeutsche Übertragung
→ S. 253

Martin Opitz

Sonett über die Augen der Astree — 1630

Astree Titelheldin eines im 17. Jahrhundert vielgelesenen Schäferromans

Dies sind die Augen: was? die Götter; sie gewinnen
Der Helden Kraft und Mut mit ihrer Schönheit Macht:
Nicht Götter; Himmel mehr; dann ihrer Farbe Pracht
Ist himmelblau, ihr Lauf ist über Menschen Sinnen:

Nicht Himmel; Sonnen selbst, die also blenden können
Dass wir um Mittagszeit nur sehen lauter Nacht:
Nicht Sonnen; sondern Blitz, der schnell und unbedacht
Herab schlägt wann es je zu donnern will beginnen.

Doch keines: Götter nicht, die Böses nie begehen;
Nicht Himmel, dann der Lauf des Himmels wanket nicht;
Nicht Sonnen, dann es ist nur einer Sonne Licht;

Blitz auch nicht, weil kein Blitz so lange kann bestehen:
Jeden noch siehet sie des Volkes blinder Wahn
Für Himmel, Sonnen, Blitz und Götter selber an.

Christian Hoffmann von Hoffmannswaldau

Beschreibung vollkommener Schönheit ____ 1670

Ein haar so kühnlich trotz der Berenice spricht/
Ein mund/der rosen führt und perlen in sich heget/
Ein zünglein/so ein gifft vor tausend hertzen träget/
Zwo brüste/wo rubin durch alabaster bricht /

Ein hals/der schwanen-schnee weit weit zurücke sticht/
Zwey wangen/wo die pracht der Flora sich beweget/
Ein blick/der blitze führt und männer niederleget/
Zwey armen / derer krafft offt leuen hingericht /

Ein hertz/aus welchem nichts als mein verderben quillet/
Ein wort/so himmlisch ist / und mich verdammen kan/
Zwey hände/derer grimm mich in den bann gethan/

Und durch ein süssen gifft die seele selbst umhüllet/
Ein zierrath/wie es scheint/im paradieß gemacht/
Hat mich um meinen witz und meine freyheit bracht.

Berenice
→ S. 253

Rubin roter Edelstein

Alabaster Gipsart

Flora Göttin des Frühlings

Leuen Löwen

Zierrath Verzierung

Witz Verstand

Friedrich Schiller

Die Begegnung 1797

Noch seh ich sie, umringt von ihren Frauen,
Die herrlichste von allen stand sie da,
Wie eine Sonne war sie anzuschauen,
Ich stand von fern und wagte mich nicht nah,
Es fasste mich mit wollustvollem Grauen,
Als ich den Glanz vor mir verbreitet sah,
Doch schnell, als hätten Flügel mich getragen,
Ergriff es mich, die Saiten anzuschlagen.

Was ich in jenem Augenblick empfunden,
Und was ich sang, vergebens sinn' ich nach,
Ein neu' Organ hatt' ich in mir gefunden,
Das meines Herzens heil'ge Regung sprach,
Die Seele war's, die, jahrelang gebunden,
Durch alle Fesseln jetzt auf einmal brach,
Und Töne fand in ihren tiefsten Tiefen,
Die ungeahnt und göttlich in ihr schliefen.

Und als die Saiten lange schon geschwiegen,
Die Seele endlich mir zurücke kam,
Da sah ich in den engelgleichen Zügen
Die Liebe ringen mit der holden Scham,
Und alle Himmel glaubt' ich zu erfliegen,
Als ich das leise süße Wort vernahm -
O droben nur in sel'ger Geister Chören
Werd' ich des Tones Wohllaut wieder hören!

»Das treue Herz, das trostlos sich verzehrt
Und still bescheiden nie gewagt zu sprechen,
Ich kenne den ihm selbst verborgnen Wert,
Am rohen Glück will ich das Edle rächen.
Dem Armen sei das schönste Los beschert,
Nur Liebe darf der Liebe Blume brechen.
Der schönste Schatz gehört dem Herzen an,
Das ihn erwidern und empfinden kann.«

August von Platen

Tristan

1825

Tristan
→ S. 253

Wer die Schönheit angeschaut mit Augen,
Ist dem Tode schon anheimgegeben,
Wird für keinen Dienst auf Erden taugen,
Und doch wird er vor dem Tode beben,
Wer die Schönheit angeschaut mit Augen!

Ewig währt für ihn der Schmerz der Liebe,
Denn ein Tor nur kann auf Erden hoffen,
Zu genügen einem solchen Triebe:
Wen der Pfeil des Schönen je getroffen,
Ewig währt für ihn der Schmerz der Liebe!

Ach, er möchte wie ein Quell versiegen,
Jedem Hauch der Luft ein Gift entsaugen
Und den Tod aus jeder Blume riechen:
Wer die Schönheit angeschaut mit Augen,
Ach, er möchte wie ein Quell versiechen!

Heinrich Heine

Das Hohelied 1854

Hohelied Sammlung von Liebesliedern im Alten Testament

Des Weibes Leib ist ein Gedicht,
Das Gott der Herr geschrieben
Ins große Stammbuch der Natur,
Als ihn der Geist getrieben.
Ja, günstig war die Stunde ihm,
Der Gott war hochbegeistert;
Er hat den spröden, rebellischen Stoff
Ganz künstlerisch bemeistert.
Fürwahr, der Leib des Weibes ist
Das Hohelied der Lieder;
Gar wunderbare Strophen sind
Die schlanken, weißen Glieder.
O welche göttliche Idee
Ist dieser Hals, der blanke,
Worauf sich wiegt der kleine Kopf,
Der lockige Hauptgedanke!
Der Brüstchen Rosenknospen sind
Epigrammatisch gefeilet;
Unsäglich entzückend ist die Zäsur,
Die streng den Busen teilet.
Den plastischen Schöpfer offenbart
Der Hüften Parallele;
Der Zwischensatz mit dem Feigenblatt
Ist auch eine schöne Stelle.
Das ist kein abstraktes Begriffspoem!
Das Lied hat Fleisch und Rippen,
Hat Hand und Fuß; es lacht und küßt
Mit schöngereimten Lippen.
Hier atmet wahre Poesie!
Anmut in jeder Wendung!

epigrammatisch kurz und treffend
Zäsur Einschnitt

Und auf der Stirne trägt das Lied
Den Stempel der Vollendung.
Lobsingen will ich dir, o Herr,
Und dich im Staub anbeten!
Wir sind nur Stümper gegen dich,
Den himmlischen Poeten.
Versenken will ich mich, o Herr,
In deines Liedes Prächten;
Ich widme seinem Studium
Den Tag mitsamt den Nächten.
Ja, Tag und Nacht studier ich dran,
Will keine Zeit verlieren;
Die Beine werden mir so dünn –
Das kommt vom vielen Studieren.

Kurt Schwitters

An Anna Blume — 1919

Oh Du, Geliebte meiner 27 Sinne, ich liebe Dir!
Du, Deiner; Dich Dir, ich Dir, Du mir, – – – – wir?
Das gehört beiläufig nicht hierher!

Wer bist Du , ungezähltes Frauenzimmer, Du bist, bist Du?
Die Leute sagen, Du wärest.
Lass sie sagen, sie wissen nicht, wie der Kirchturm steht.

Du trägst den Hut auf Deinen Füßen und wanderst
auf die Hände,
auf den Händen wanderst Du.

Halloh, Deine roten Kleider, in weiße Falten zersägst,
Rot liebe ich, Anna Blume, rot liebe ich Dir.
Du, Deiner, Dich Dir, ich Dir, Du mir, – – – – – wir?
Das gehört beiläufig in die kalte Glut!
Anna Blume, rote Anna Blume, wie sagen die Leute?

Preisfrage:
1.) Anna Blume hat ein Vogel,
2.) Anna Blume ist rot.
3.) Welche Farbe hat der Vogel.

Blau ist die Farbe Deines gelben Haares,
Rot ist die Farbe Deines grünen Vogels.
Du schlichtes Mädchen im Alltagskleid,
Du liebes grünes Tier, ich liebe Dir!
Du Deiner Dich Dir, ich Dir, Du mir, – – – – wir!
Das gehört beiläufig in die – – – Glutenkiste.

Anna Blume, Anna, A – – – – N – – – – N – – – – – A!
Ich träufle Deinen Namen.
Dein Name tropft wie weiches Rindertalg.

Weißt Du es Anna, weißt Du es schon,
Man kann Dich auch von hinten lesen.
Und Du, Du Herrlichste von allen,
Du bist von hinten wie von vorne:
A – – – – – – N – – – – – N – – – – – –A.
Rindertalg träufelt STREICHELN über meinen Rücken.
Anna Blume,
Du tropfes Tier,
Ich – – – – – – – liebe – – – – – – – Dir!

Bertolt Brecht

Das elfte Sonett 1934

Als ich dich in das fremde Land verschickte
Sucht ich dir, rechnend mit sehr kalten Wintern
Die dicksten Hosen aus für den (geliebten) Hintern
Und für die Beine Strümpfe, gut gestrickte!

Für deine Brust und für unten am Leibe
Und für den Rücken sucht ich reine Wolle
Damit sie, was ich liebe, wärmen solle
Und etwas Wärme von dir bei mir bleibe.

So zog ich diesmal dich mit Sorgfalt an
Wie ich dich manchmal auszog (viel zu selten!
Ich wünscht, ich hätt das öfter noch getan!)
Mein Anziehn sollt dir wie ein Ausziehn gelten!
Nunmehr ist, dacht ich, alles gut verwahrt
Daß es auch nicht erkalt, so aufgespart.

Originale Rechtschreibung

Rolf Dieter Brinkmann

Einfaches Bild

1967

Ein Mädchen
in
schwarzen Strümpfen
schön, wie
sie herankommt
ohne Laufmaschen.
Ihr Schatten
auf
der Straße
ihr Schatten
an
der Mauer.
Schön, wie
sie fortgeht
in schwarzen
Strümpfen
ohne
Laufmaschen
bis unter
den Rock.

Ulla Hahn

Gibt es eine weibliche Ästhetik? 1981

Ich sehe deine Augen
mit den hängenden
Lidern am Kinn
Fettfalten die Stirn
gefurcht deine
dünnen spitzen
Ohren überm fahlen
Haar die
kahle Stelle
Am Hinterkopf ich
denke du bist
von allen Männern
der schönste.

René Magritte: Die Liebenden, 1928

Robert Gernhardt

DU

1994

Du – deine Haut fühlt sich so glatt an.
– Ich habe dein Gesülze satt, Mann!
Du – deine Haut fühlt sich so warm an.
– Nimm eine andere auf den Arm, Mann!

Du – deine Haut fühlt sich so zart an.
– Der Spruch hat einen Riesenbart, Mann!
Du – deine Haut fühlt sich so heiß an.
– Red doch nicht dauernd sonen Scheiß, Mann!

Du – deine Haut fühlt sich so gut an.
Gleich kriegst du aber einen auf den Hut, Mann!
Du – deine Haut fühlt sich so weich an.
– Du laberst wirklich wie der letzte Scheich, Mann!

Du – deine Haut fühlt sich so rau an.
– jetzt hört euch doch mal diese Machosau an!
Rau meine Haut? Die fühlt sich glatt an!
Und wenn du das nicht tickst, mach ich dich platt, Mann!

Sybil Volks

Serpentinen-Terzinen

2002

Wir sind die kurvenreichen, weichen Weiber,
und deshalb geht es bei uns immer rund
ums Lieben, Laben, Loben unsrer Leiber.

Zwölf Lippen haben wir, nicht nur im Mund,
zwei Busen, macht vier Brüste, Backen acht.
Die Symmetrie steigt uns zu Kopfe und

aus Haaren regnen Nadeln in die Nacht.
Wenn wir so rundungsreich beinander liegen,
nehmen wir scharfe Kurven nicht zu sacht.,

Kann sich die eine um die andre biegen,
was soll uns da der Ruf nach scharfen Kanten
und Ecken. Aus den Kurven woll'n wir fliegen!

Serpentinen **in Kehren ansteigender Weg**
Terzinen **Gedichtform mit dreizeiligen Strophen mit dem Reimschema aba; bcb etc.**

Der Kürenberger

Falkenlied

um 1200

neuhochdeutsche Übertragung → S. 253

Ich zôch mir einen valken mêre danne ein jâr,
dô ich in gezamete, als ich in wolte hân,
und ich im sîn gevidere mit golde wol bewant,
er huop sich ûf vil hôhe und flouc in ánderiu lant.

Sît sach ich den valken schône fliegen.
er vuorte an sînem vuoze sîdîne riemen,
und was im sîn gevidere alrôt guldîn.
got sende sî zesamene, die gelíeb wéllen gerne sîn!

Der Kürenberger, Große Heidelberger Liederhandschrift (Codex Manesse)

Walther von der Vogelweide

Unter der Linden _______________ um 1200

Under der linden
an der heide,
dâ unser zweier bette was,
dâ muget ir vinden
schône beide
gebrochen bluomen unde gras.
vor dem walde in einem tal,
tandaradei,
schône sanc diu nahtegal.

Ich kam gegangen
zuo der ouwe:
dô was mîn friedel komen ê.
dâ wart ich empfangen
hêre frouwe
daz ich bin sælic iemer mê.
kust er mich? wol tûsentstunt:
tandaradei,
seht wie rôt mir ist der munt.

Dô hete er gemachet
alsô rîche
von bluomen eine bettestat.
des wirt noch gelachet
inneclîche,
kumt iemen an daz selbe pfat.
bî den rôsen er wol mac
tandaradei,
merken wâ mirz houbet lac.

muget ir vinden könnt ihr sehen

ouwe Wiese

friedel Geliebter

hêre heilige

sælic glücklich

alsô rîche in aller Pracht

merken wâ mirz houbet lac sehen, wo mein Kopf lag

Daz er bî mir læge,
wessez iemen
(nu enwelle got!), so schamte ich mich.
wes er mit mir pflæge,
niemer niemen
bevinde daz wan er und ich
und ein kleinez vogellîn:
tandaradei,
daz mac wol getriuwe sîn.

wessez iemen wüsste es jemand
nu enwelle got! das verhüte Gott!
wes er … pflæge was er … tat
niemer niemen niemals soll jemand
bevinde … wan erfahren … als
getriuwe verschwiegen

Sibylla Schwarz

Ist Lieb ein Feur? ersch. 1650

Ist Lieb ein Feur/ und kann das Eisen schmiegen/
Bin ich voll Feur/ und voller Liebes Pein/
Wohrvohn mag doch der Liebsten Hertze seyn?
Wans eisern war/ so würd eß mir erliegen/
Wans gülden war/ so würd ichs können biegen
Durch meine Gluht; solls aber fleischern seyn/
So schließ ich fort: Eß ist ein fleischern Stein:
Doch kann mich nicht ein Stein/ wie sie/ betriegen.
Ists dan wie Frost/ wie kalter Schnee und Eiß/
Wie presst sie dann auß mir den Liebesschweiß?
Mich deucht: Ihr Herz ist wie die Loorberblätter/
Die nicht berührt ein starcker Donnerkeil/
Sie/ sie verlacht/ Cupido/ deine Pfeil;
Und ist befreyt für deinem Donnerwetter.

schmiegen geschmeidig machen
wans wenn es
dan denn
Loorberblätter Lorbeerblätter standen in der Antike im Ruf, vor Blitzen zu schützen
Cupido Liebesgott
für von

Johann Wolfgang Goethe

Rastlose Liebe 1776

Dem Schnee, dem Regen,
Dem Wind entgegen,
Im Dampf der Klüfte,
Durch Nebeldüfte,
Immer zu! Immer zu!
Ohne Rast und Ruh!

Lieber durch Leiden
Möcht ich mich schlagen,
Als so viel Freuden
Des Lebens ertragen.
Alle das Neigen
Von Herzen zu Herzen,
Ach, wie so eigen
Schaffet das Schmerzen!

Wie soll ich fliehen?
Wälderwärts ziehen?
Alles vergebens!
Krone des Lebens,
Glück ohne Ruh,
Liebe, bist du!

Sophie Mereau

In Tränen geh ich nun allein ______________ 1803

In Tränen geh ich → S. 254

In Tränen geh ich nun allein,
am Quell – Du kennst ihn wohl.
Ich blicke in den Bach hinein,
dass er mich trösten soll.

Du freundlich Liebesangesicht,
wie bist du doch so fern!
Dich bringt mir nun kein Tageslicht,
bringt nicht der Abendstern.

Mein Leben schließt die Augen zu,
weil es Dich nicht mehr sieht,
indes in Träumen ohne Ruh
mein Herz stets zu Dir zieht.

Die leise Welle rinnet klar,
und zeigt den grünen Grund.
O! Welle mache offenbar,
was wohl mich macht gesund!

Die Wette schweigt und fliehet bald,
doch unten frisch und hell
grünt wundervoll ein Pflanzenwald
bedeckt vom klaren Quell.

Und aus dem frischen Wasserreich
steigt hell der Trost zu mir:
»Es grünet so der Hoffnung Zweig
auch unter Tränen Dir.«

Wilhelm von Eichendorff

Der Blick — 1808

Schaust Du mich aus Deinen Augen
Fächelnd wie aus Himmeln an,
Fühl' ich wohl, dass keine Lippe
Solche Sprache führen kann.
Könnte sie's auch wörtlich sagen,
Was dem Herzen tief entquillt,
Still den Augen aufgetragen
Wird es süßer nur erfüllt.
Und ich seh' des Himmels Quelle,
Die mir lang verschlossen war,
Wie sie bricht in reinster Helle
Aus dem reinsten Augenpaar.
Und ich öffne still im Herzen
Alles, alles diesem Blick.
Und den Abgrund meiner Schmerzen
Füllt er strömend aus mit Glück.

Annette von Droste-Hülshoff

Brennende Liebe — 1841

Und willst du wissen, warum
So sinnend ich manche Zeit,
Mitunter so töricht und dumm,
So unverzeihlich zerstreut,
Willst wissen auch ohne Gnade,
Was denn so Liebes enthält
Die heimlich verschlossene Lade,
An die ich mich öfters gestellt?

Lade
Schublade

Zwei Augen hab' ich gesehn,
Wie der Strahl im Gewässer sich bricht,
Und wo zwei Augen nur stehn,
Da denke ich an ihr Licht.
Ja, als du neulich entwandtest
Die Blume vom blühenden Rain,
Und »Oculus Christi« sie nanntest,
Da fielen die Augen mir ein.

Oculus Christi **das Auge Christi**

Auch gibt's einer Stimme Ton,
Tief, zitternd, wie Hornes Hall,
Die tut's mir völlig zum Hohn,
Sie folget mir überall.
Als jüngst im flimmernden Saale
Mich quälte der Geigen Gegell,
Da hört‘ ich mit einem Male
Die Stimme im Violoncell.

Gegell **durchdringendes Geschrei**
Violoncell **Cello**

Auch weiß ich eine Gestalt,
So leicht und kräftig zugleich,
Die schreitet vor mir im Wald,
Und gleitet über den Teich;
Ja, als ich eben in Sinnen
Sah über des Mondes Aug'
Einen Wolkenstreifen zerrinnen,
Das war ihre Form, wie ein Rauch.

Und höre, höre zuletzt,
Dort liegt, da drinnen im Schrein,
Ein Tuch mit Blute genetzt,
Das legte ich heimlich hinein.
Er ritzte sich nur an der Schneide,
Als Beeren vom Strauch er mir hieb,
Nun hab' ich sie alle beide,
Sein Blut und meine brennende Lieb'.

Schrein **zylinderförmiger Behälter**

Rainer Maria Rilke

Liebes-Lied — 1907

Wie soll ich meine Seele halten, dass
sie nicht an deine rührt? Wie soll ich sie
hinheben über dich zu andern Dingen?
Ach gerne möcht ich sie bei irgendwas
Verlorenem im Dunkeln unterbringen
an einer fremden stillen Stelle, die
nicht weiterschwingt, wenn deine Tiefen schwingen.
Doch alles, was uns anrührt, dich und mich,
nimmt uns zusammen wie ein Bogenstrich,
der aus zwei Saiten eine Stimme zieht.
Auf welches Intrument sind wir gespannt?
Und welcher Geiger hat uns in der Hand?
O süßes Lied.

Else Lasker-Schüler

Ein alter Tibetteppich — 1910

Deine Seele, die die meine liebet
Ist verwirkt mit ihr im Teppichtibet.

Strahl in Strahl, verliebte Farben,
Sterne, die sich himmellang umwarben.

Unsere Füße ruhen auf der Kostbarkeit,
Maschentausendabertausendweit.

Süßer Lamasohn auf Moschuspflanzenthron,
Wie lange küsst dein Mund den meinen wohl
Und Wang die Wange bunt geknüpfte Zeiten schon?

verwirkt **verwoben**
Tibet **buddhistisch geprägte Region im zentralasiatischen Hochland**
Lama **ranghoher Geistlicher des Lamaismus (tibetischer Buddhismus)**
Moschus **Duftstoff mit aphrodisierender Wirkung**

Bertolt Brecht

Entdeckungen an einer jungen Frau — 1925/26

Des Morgens nüchterner Abschied, eine Frau
Kühl zwischen Tür und Angel, kühl besehn.
Da sah ich: eine Strähn in ihrem Haar war grau
Ich konnt mich nicht entschließen mehr zu gehn.

Stumm nahm ich ihre Brust, und als sie fragte
Warum ich, Nachtgast, nach Verlauf der Nacht
Nicht gehen wolle, denn so war‘s gedacht
Sah ich sie unumwunden an und sagte:

Ist's nur noch eine Nacht, will ich noch bleiben
Doch nütze deine Zeit; das ist das Schlimme
Daß du so zwischen Tür und Angel stehst

Und laß uns die Gespräche rascher treiben
Denn wir vergaßen ganz, daß du vergehst.
Und es verschlug Begierde mir die Stimme.

Originale Rechtschreibung

Ingeborg Bachmann

Aria I 1957

Aria
Arie, Sologesangsstück

Wohin wir uns wenden im Gewitter der Rosen,
ist die Nacht von Dornen erhellt, und der Donner
des Laubs, das so leise war in den Büschen,
folgt uns jetzt auf dem Fuß.

Wo immer gelöscht wird, was die Rosen entzünden,
schwemmt Regen uns in den Fluß. O fernere Nacht!
Doch ein Blatt, das uns traf, treibt auf den Wellen
bis zur Mündung uns nach.

Ulla Hahn

Anständiges Sonett — 1981

Schreib doch mal
ein anständiges Sonett
ST.H.

St. H. Stephan Hermlin (1915–1997), ostdeutscher Schriftsteller und Übersetzer

Komm beiß dich fest ich halte nichts
vom Nippen. Dreimal am Anfang küss
mich wo's gut tut. Miss
mich von Mund zu Mund. Mal angesichts

der Augen mir Ringe um
und lass mich springen unter
der Hand in deine. Zeig mir wie's drunter
geht und drüber. Ich schreie ich bin stumm.

Bleib bei mir. Warte. Ich komm wieder
zu mir zu dir dann auch
»ganz wie ein Kehrreim schöner alter Lieder«.

Kehrreim Refrain

Verreib die Sonnenkringel auf dem Bauch
mir ein und allemal. Die Lider
halt mir offen. Die Lippen auch.

Matthias Politycki

Fast eine Romanze (I) 2009

Nie werd' ich wissen, wie du wirklich heißt,
wie du wohl lächeln würdest, wenn ich sagte,
dass ich mich schier nicht mehr zu regen wagte,
als du den Raum betratst, ich saß wie hingeschweißt,

sah, wie du rauchst und trinkst, das Haar wegstreichst
und eine SMS schreibst, schließlich gehst
und neben meinem Tisch dann plötzlich stehst
und dort erst deine Rechnung schnell begleichst

und wie dein Blick, ganz ohne innre Glut,
sich jäh verhakt und kurz in meinem ruht –
schon seh ich dich von hinten, seh den Hut

aus Stroh, das Sommerkleid, darum ein Band
in Dunkelblau, ein letztes Unterpfand
von dir, tief in den Nachmittag gebrannt.

Johann Christian Günther

Abschied von seiner ungetreuen Liebsten ___ 1715

Wie gedacht,
Vor geliebt, jetzt ausgelacht.
Gestern in den Schoß gerissen,
Heute von der Brust geschmissen,
Morgen in die Gruft gebracht.
Wie gedacht,
Vor geliebt, jetzt ausgelacht.

Dieses ist
Aller Jungfern Hinterlist:
Viel versprechen, wenig halten;
Sie entzünden und erkalten
Öfters, eh ein Tag verfließt.
Dieses ist
Aller Jungfern Hinterlist.

Dein Betrug,
Falsche Seele, macht mich klug;
Keine soll mich mehr umfassen,
Keine soll mich mehr verlassen,
Einmal ist fürwahr genug.
Dein Betrug,
Falsche Seele, macht mich klug.

Denke nur,
Ungetreue Kreatur,
Denke, sag ich, nur zurücke
Und betrachte deine Tücke
Und erwäge deinen Schwur.
Denke nur,
Ungetreue Kreatur!

Hast du nicht
Ein Gewissen, das dich sticht,
Wenn die Treue meines Herzens,
Wenn die Größe meines Schmerzens
Deinem Wechsel widerspricht?
Hast du nicht
Ein Gewissen, das dich sticht?

Bringt mein Kuss
Dir so eilends Überdruss,
Ei so geh und küssen diesen,
Welcher dir sein Geld gewiesen,
Das dich wahrlich blenden muss,
Bringt mein Kuss
Dir so eilends Überdruss.

Bin ich arm,
Dieses macht mir wenig Harm;
Tugend steckt nicht in dem Beutel,
Gold und Schmuck macht nur die Scheitel,
Aber nicht die Liebe warm.
Bin ich arm,
Dieses macht mir wenig Harm.

Harm
Kummer

Und wie bald
Misst die Schönheit die Gestalt!
Rühmst du gleich von deiner Farbe,
Dass sie ihresgleichen darbe,
Auch die Rosen werden alt.
Und wie bald
Misst die Schönheit die Gestalt!

darben **nötig haben**

Weg mit dir,
Falsches Herze, weg von mir!
Ich zerreiße deine Kette,
Denn die kluge Henriette
Stellet mir was Bessers für.
Weg mit dir,
Falsches Herze, weg von mir!

Karoline von Günderrode

Die eine Klage 1806

Wer die tiefste aller Wunden
Hat in Geist und Sinn empfunden
Bittrer Trennung Schmerz;
Wer geliebt was er verloren,
Lassen muss was er erkoren,
Das geliebte Herz.

Der versteht in Lust die Tränen
Und der Liebe ewig Sehnen
Eins in Zwei zu sein,
Eins im Andern sich zu finden,
Dass der Zweiheit Grenzen schwinden
Und des Daseins Pein.

Wer so ganz in Herz und Sinnen
Konnt' ein Wesen liebgewinnen
O! den tröstet's nicht
Dass für Freuden, die verloren,
Neue werden neu geboren:
Jene sind's doch nicht.

Das geliebte, süße Leben,
Dieses Nehmen und dies Geben,
Wort und Sinn und Blick,
Dieses Suchen und dies Finden,
Dieses Denken und Empfinden
Gibt kein Gott zurück.

Heinrich Heine

Ein Jüngling liebt ein Mädchen 1823

Ein Jüngling liebt ein Mädchen,
Die hat einen andern erwählt;
Der Andre liebt eine Andre,
Und hat sich mit dieser vermählt.

Das Mädchen heiratet aus Ärger
Den ersten, besten Mann,
Der ihr in den Weg gelaufen;
Der Jüngling ist übel dran.

Es ist eine alte Geschichte,
Doch bleibt sie immer neu;
Und wem sie just passieret,
Dem bricht das Herz entzwei.

(*Lyrisches Intermezzo XXXIX*)

Eduard Mörike

Das verlassene Mägdlein 1832

Früh, wann die Hähne krähn,
Eh' die Sternlein verschwinden,
Muss ich am Herde stehn,
Muss Feuer zünden.

Schön ist der Flammen Schein,
Es springen die Funken;
Ich schaue so drein,
In Leid versunken.

Plötzlich, da kommt es mir,
Treuloser Knabe,
Dass ich die Nacht von dir
Geträumet habe.

Träne auf Träne dann
Stürzet hernieder.
So kommt der Tag heran –
O ging' er wieder!

Theodor Storm

Hyazinthen
Zierpflanze

Hyazinthen

1851

Fern hallt Musik; doch hier ist stille Nacht,
Mit Schlummerduft anhauchen mich die Pflanzen.
Ich habe immer, immer dein gedacht;
Ich möchte schlafen, aber du musst tanzen.

Es hört nicht auf, es rast ohn Unterlass;
Die Kerzen brennen und die Geigen schreien,
Es teilen und es schließen sich die Reihen,
Und alle glühen; aber du bist blass.

Und du musst tanzen; fremde Arme schmiegen
Sich an dein Herz; o leide nicht Gewalt!
Ich seh dein weißes Kleid vorüberfliegen
Und deine leichte, zärtliche Gestalt. – –

Und süßer strömend quillt der Duft der Nacht
Und träumerischer aus dem Kelch der Pflanzen.
Ich habe immer, immer dein gedacht;
Ich möchte schlafen, aber du musst tanzen.

August Stramm

Untreu 1915

Dein Lächeln weint in meiner Brust
Die glutverbissnen Lippen eisen
Im Atem wittert Laubwelk!
Dein Blick versargt
Und
Hastet polternd Worte drauf.
Vergessen
Bröckeln nach die Hände!
Frei
Buhlt dein Kleidsaum
Schlenkrig
Drüber rüber!

Edvard Munch: Loslösung II, 1896

Bertolt Brecht

Erinnerung an die Marie A. ________________ 1920

1.

Mond Monat

An jenem Tag im blauen Mond September
Still unter einem jungen Pflaumenbaum
Da hielt ich sie, die stille bleiche Liebe
In meinem Arm wie einen holden Traum.
Und über uns im schönen Sommerhimmel
War eine Wolke, die ich lange sah
Sie war sehr weiß und ungeheur oben
Und als ich aufsah, war sie nimmer da.

2.

Seit jenem Tag sind viele, viele Monde
Geschwommen still hinunter und vorbei.
Die Pflaumenbäume sind wohl abgehauen
Und fragst du mich, was mit der Liebe sei?
So sag ich dir: ich kann mich nicht erinnern
Und doch, gewiß, ich weiß schon, was du meinst.
Doch ihr Gesicht, das weiß ich wirklich nimmer
Ich weiß nur mehr: ich küßte es dereinst.

3.

Und auch den Kuß, ich hätt ihn längst vergessen
Wenn nicht die Wolke dagewesen wär
Die weiß ich noch und werd ich immer wissen
Sie war sehr weiß und kam von oben her.
Die Pflaumebäume blühn vielleicht noch immer
Und jene Frau hat jetzt vielleicht das siebte Kind
Doch jene Wolke blühte nur Minuten
Und als ich aufsah, schwand sie schon im Wind.

Originale Rechtschreibung

Mascha Kaléko

»Alte Flamme« bei Licht besehen — 1945

Das also ist der Abgott, der vor Jahren
Mein Herz bewohnte einen Sommer lang!
Und dies die Augen, dies der Stimme Klang,
Die meinem Leben Licht und Kompass waren ...
Man denke, einen ganzen Sommer lang!

Gebroch'ne Herzen waren aus der Mode.
Doch ich, ein völlig unmodernes Kind,
Ich wartete im Regen und im Wind
Und sehnte einen Herbst lang mich zu Tode.
Erst heute sehe ich: Monsieur, Sie sind
Ein Jammer-Denkmal jener Episode.

... Ist das der Held von damals? Dieser zahme
Herr Doktor, seiner Gattin Untertan?
Verlorner Schlachten müder Veteran:
Ich an dir vorbei (du, dessen Name
Mein Herz einst brausen ließ wie ein Orkan!)
Und bleib incognito, die »fremde Dame«.
So ähnlich endet mehr als ein Roman.

Veteran **alter Soldat**

incognito **unerkannt**

Ursula Krechel

Liebe am Horizont 1977

Der Mann hat eine schreckliche Unordnung
in ihr Leben gebracht. Plötzlich
waren die Aschenbecher voller Asche,
die Laken zweifach benutzt, verschwitzt
und alle Uhren gingen anders.
Einige Wochen lang schwebte sie
über den Wolken
und küsste den Mond.

Erst im Tageslicht
wurde ihre Liebe
kleiner und kleiner. Achtlos
warf er das Handtuch, blaukariert
mit dem kreuzgestichelten Monogramm
(wenn das die Mutter wüsste)
über die Schreibmaschine. Bald

Monogramm
Namenszeichen

konnte sie ihre Liebe schon
in einer Schublade verschließen.
Eingesperrt zwischen Plunder
geriet sie in Vergessenheit.
Später, als der Mann sie rief,
wünschte sie, stumm zu sein.
Als er wieder rief, war sie schon taub.

Karin Kiwus

Fragile 1979

fragil(e) **zerbrechlich**

Wenn ich jetzt sage
ich liebe dich
übergebe ich nur
vorsichtig das Geschenk
zu einem Fest das wir beide
noch nie gefeiert haben

Und wenn du gleich
wieder allein
deinen Geburtstag
vor Augen hast
und dieses Päckchen
ungeduldig an dich reißt
dann nimmst du schon
die scheppernden Scherben darin
gar nicht mehr wahr

Barbara Köhler

Guten Tag

1995

Immer hinterher im regen stehen
gelassen bleiben als ob gehen
die frage sei: dahingestellt
& was aus allen wolken fällt

mir zu betrifft mich offenherzig
verheult verlacht den rest verschmerz ich
vergeh verkomme auf dich zu
entferne mich was bleibst bist du

bei trost bei dir beizeiten
JUST TRAVELLIN' es kommt nicht an
auf sprüche soviel ist versprochen

und haltlos was ich sagen kann
verstummt verspielt zwischen uns beiden
der regen nass bis auf die knochen

Hans-Ulrich Treichel

Nachdem du gegangen bist 2007

Ich habe nicht gefrühstückt.
Ich habe meinen Hut genommen,
mich aufs Bett gesetzt
und vier Zigaretten geraucht.
Gefroren habe ich auch.
Und ein Haar von dir
Zwischen den Kissen gefunden.
Es war weich und ganz weiß.
Wie der Schnee vor dem Fenster
Und unter dem Herd.

Christian Schad: Selbstbildnis, 1927

Caspar David Friedrich: Eiche im Schnee, 1827/28

Catharina von Greiffenberg

Auf die fruchtbringende Herbstzeit 1662

Freuderfüller, Früchtebringer, vielbeglückter Jahreskoch,
Gründung-, Blüh- und Zeitungziel, werkbeseeltes Lustverlangen! ***Zeitungsziel*** **Reifung**
Lange Hoffnung ist in dir in die Taterweisung gangen.
Ohne dich wird nur beschauet, aber nichts genossen noch.

Du Vollkommenheit der Zeiten, mache bald vollkommen doch,
Was von Blüh- und Wachstumskraft halbes Leben schon empfangen!
Deine Wirkung kann allein mit der Werkvollziehung prangen.
Werter Zeitenschatz, ach, bringe jenes Blühen auch so hoch,

Schütt aus deinem reichen Horn hochverhoffte Freudenfrüchte!
Lieblich süsser Mundergetzer, lab auch unsern Geist zugleich!
So erhebt mit jenen er deiner Früchte Ruhmgerüchte.

Zeitig' die verlangten Zeiten in dem Oberherrschungsreich,
Lass die Anlasskerne schwarz, Schickungsäpfel saftig werden,
Dass man Gottes Gnadenfrücht froh geniesst und isst auf Erden.

Barthold Heinrich Brockes

Kirschblüte bei der Nacht

1750

Ich sahe mit betrachtendem Gemüte
Jüngst einen Kirschbaum, welcher blühte,
In kühler Nacht beim Mondenschein;
Ich glaubt', es könne nichts von größerer Weiße sein.
Es schien, ob wär' ein Schnee gefallen.
Ein jeder, auch der kleinste Ast
Trug gleichsam eine rechte Last
Von zierlich-weißen runden Ballen.
Es ist kein Schwan so weiß, da nämlich jedes Blatt,
Indem daselbst des Mondes sanftes Licht
Selbst durch die zarten Blätter bricht,
Sogar den Schatten weiß und sonder Schwärze hat.
Unmöglich, dacht ich, kann auf Erden
Was Weißers angetroffen werden.

Indem ich nun bald hin, bald her
Im Schatten dieses Baumes gehe,
Sah ich von ungefähr
Durch alle Blumen in die Höhe
Und ward noch einen weißern Schein,
Der tausendmal so weiß, der tausendmal so klar,
Fast halb darob erstaunt, gewahr.
Der Blüte Schnee schien schwarz zu sein
Bei diesem weißen Glanz. Es fiel mir ins Gesicht
Von einem hellen Stern ein weißes Licht,
Das mir recht in die Seele strahlte.

Wie sehr ich mich an Gott im Irdischen ergetze,
Dacht ich, hat er dennoch weit größre Schätze.
Die größte Schönheit dieser Erden
Kann mit der himmlischen doch nicht verglichen werden.

Ludwig Christoph Heinrich Hölty

Das Landleben 1775

Wunderseliger Mann, welcher der Stadt entfloh!
Jedes Säuseln des Baums, jedes Geräusch des Bachs,
Jeder blinkende Kiesel,
Predigt Tugend und Weisheit ihm!

Jedes Schattengesträuch ist ihm ein heiliger
Tempel, wo ihm sein Gott näher vorüberwallt;
Jeder Rasen ein Altar,
Wo er vor dem Erhabnen kniet.

vorüberwallt **vorüber schreitet**

Seine Nachtigall tönt Schlummer herab auf ihn,
Seine Nachtigall weckt flötend ihn wieder auf,
Wenn das liebliche Frührot
Durch die Bäum' auf sein Bette scheint.

Dann bewundert er dich, Gott, in der Morgenflur,
In der steigenden Pracht deiner Verkünderin,
Der allherrlichen Sonne,
Dich im Wurm, und im Knospenzweig.

Ruht im wehenden Gras, wann sich die Kühl' ergießt,
Oder strömet den Quell über die Blumen aus;
Trinkt den Atem der Blüte,
Trinkt die Milde der Abendluft.

Sein bestrohetes Dach, wo sich das Taubenvolk
Sonnt, und spielet und hüpft, winket ihm süß're Rast,
Als dem Städter der Goldsaal,
Als der Polster der Städterin.

Und der spielende Trupp schwirret zu ihm herab,
Gurrt und säuselt ihn an, flattert ihm auf den Korb;
Picket Krumen und Erbsen,
Picket Körner ihm aus der Hand.

Einsam wandelt er oft, Sterbegedanken voll,
Durch die Gräber des Dorfs, sezet sich auf ein Grab,
Und beschauet die Kreuze,
Und den wehenden Totenkranz.

Wunderseliger Mann, welcher der Stadt entfloh!
Engel segneten ihn, als er geboren ward,
Streuten Blumen des Himmels
Auf die Wiege des Knaben aus.

Johann Wolfgang Goethe

Ein gleiches — 1780

Über allen Gipfeln
Ist Ruh',
In allen Wipfeln
Spürest du
Kaum einen Hauch;
Die Vögelein schweigen im Walde.
Warte nur, balde
Ruhest du auch.

Matthias Claudius

Abendlied 1779

Der Mond ist aufgegangen,
Die goldnen Sternlein prangen
Am Himmel hell und klar;
Der Wald steht schwarz und schweiget,
Und aus den Wiesen steiget
Der weiße Nebel wunderbar.

Wie ist die Welt so stille,
Und in der Dämmrung Hülle
So traulich und so hold!
Als eine stille Kammer,
Wo ihr des Tages Jammer
Verschlafen und vergessen sollt.

Seht ihr den Mond dort stehen? –
Er ist nur halb zu sehen,
Und ist doch rund und schön!
So sind wohl manche Sachen,
Die wir getrost belachen,
Weil unsre Augen sie nicht sehn.

Wir stolze Menschenkinder
Sind eitel arme Sünder
Und wissen gar nicht viel;
Wir spinnen Luftgespinste
Und suchen viele Künste
Und kommen weiter von dem Ziel.

prangen glänzen

traulich vertraulich

hold schön

getrost belachen ruhig belächeln

eitel arme gänzlich arme

Künste künstliche Verbesserungen

Gott, lass uns *dein* Heil schauen,
Auf nichts Vergänglichs trauen,
Nicht Eitelkeit uns freun!
Lass uns einfältig werden
Und vor dir hier auf Erden
Wie Kinder fromm und fröhlich sein!

einfältig schlicht

Wollst endlich sonder Grämen
Aus dieser Welt uns nehmen
Durch einen sanften Tod!
Und, wenn du uns genommen,
Lass uns in Himmel kommen,
Du unser Herr und unser Gott!

sonder ohne

So legt euch denn, ihr Brüder,
In Gottes Namen nieder;
Kalt ist der Abendhauch.
Verschon uns, Gott! mit Strafen,
Und lass uns ruhig schlafen!
Und unsern kranken Nachbarn auch!

Clemens Brentano

Sprich aus der Ferne 1801

Sprich aus der Ferne,
Heimliche Welt,
Die sich so gerne
Zu mir gesellt!

Wenn das Abendrot niedergesunken,
Keine freudige Farbe mehr spricht,
Und die Kränze still leuchtender Funken
Die Nacht um die schattichte Stirne flicht:

  Wehet der Sterne
  Heiliger Sinn
  Leis durch die Ferne
  Bis zu mir hin.

Wenn des Mondes still lindernde Tränen
Lösen die Nächte verborgenes Weh;
Dann wehet Friede. In goldenen Kähnen
Schiffen die Geister im himmlischen See.

  Glänzende Lieder
  Klingender Lauf
  Ringelt sich nieder,
  Wallet hinauf.

Wenn der Mitternacht heiliges Grauen
Bang durch die dunklen Wälder hinschleicht
Und die Büsche gar wundersam schauen,
Alles sich finster tiefsinnig bezeugt:

  Wandelt im Dunkeln
  Freundliches Spiel,
  Still Lichter funkeln,
  Schimmerndes Ziel,

Alles ist freundlich wohlwollend verbunden,
Bietet sich tröstend und trauernd die Hand,
Sind durch die Nächte die Lichter gewunden,
Alles ist ewig im Innern verwandt.

Sprich aus der Ferne,
Heimliche Welt,
Die sich so gerne
Zu mir gesellt.

Eduard Mörike

Um Mitternacht 1827

Gelassen stieg die Nacht ans Land,
Lehnt träumend an der Berge Wand,
Ihr Auge sieht die goldne Waage nun
Der Zeit in gleichen Schalen stille ruhn;
Und kecker rauschen die Quellen hervor,
Sie singen der Mutter, der Nacht, ins Ohr
Vom Tage,
Vom heute gewesenen Tage.

Das uralt alte Schlummerlied,
Sie achtet's nicht, sie ist es müd;
Ihr klingt des Himmels Bläue süßer noch,
Der flüchtgen Stunden gleichgeschwungnes Joch.
Doch immer behalten die Quellen das Wort,
Es singen die Wasser im Schlafe noch fort
Vom Tage,
Vom heute gewesenen Tage.

Nikolaus Lenau

Himmelstrauer 1831

Am Himmelsantlitz wandelt ein Gedanke,
Die düstre Wolke dort, so bang, so schwer;
Wie auf dem Lager sich der Seelenkranke
Wirft sich der Strauch im Winde hin und her.

Vom Himmel tönt ein schwermutmattes Grollen,
Die dunkle Wimper blinzet manches Mal,
So blinzen Augen, wenn sie weinen wollen, –
Und aus der Wimper zuckt ein schwacher Strahl. –

Nun schleichen aus dem Moore kühle Schauer
Und leise Nebel übers Heideland;
Der Himmel ließ, nachsinnend seiner Trauer,
Die Sonne lässig fallen aus der Hand.

Joseph von Eichendorff

Mondnacht 1837

Es war, als hätt' der Himmel
Die Erde still geküsst,
Dass sie im Blütenschimmer
Von ihm nun träumen müsst.

Die Luft ging durch die Felder,
Die Ähren wogten sacht,
Es rauschten leis die Wälder,
So sternklar war die Nacht.

Und meine Seele spannte
Weit ihre Flügel aus,
Flog durch die stillen Lande,
Als flöge sie nach Haus.

Rainer Maria Rilke

Abend 1904

Der Abend wechselt langsam die Gewänder,
die ihm ein Rand von alten Bäumen hält;
du schaust: und von dir scheiden sich die Länder,
ein himmelfahrendes und eins, das fällt;

und lassen dich, zu keinem ganz gehörend,
nicht ganz so dunkel wie das Haus, das schweigt,
nicht ganz so sicher Ewiges beschwörend
wie das, was Stern wird jede Nacht und steigt –

und lassen dir (unsäglich zu entwirrn)
dein Leben bang und riesenhaft und reifend,
so dass es, bald begrenzt und bald begreifend,
abwechselnd Stein in dir wird und Gestirn.

Georg Heym

Printemps ______ 1911

Printemps frz. Frühling

Ein Feldweg, der in weißen Bäumen träumt,
In Kirschenblüten, zieht fern über Feld.
Die hellen Zweige, feierlich erhellt,
Zittern im Abend, wo die Wolke säumt,

Ein düstrer Berg, den Tag mit goldnem Grat,
Ganz hinten, wo ein kleiner Kirchturm blinkt.
Das Glöckchen sanft im lichten Winde klingt
Herüber goldnen Tons auf grüner Saat.

Ein Ackerer geht groß am Himmelsrand.
Davor, wie Riesen schwarz, der Stiere Paar,
Ein Dämon vor des Himmels tiefer Glut

Ackerer Bauer

Und eine Mühle fasst der Sonne Haar
Und wirbelt ihren Kopf von Hand zu Hand
Auf schwarze Au, der langsam sinkt, voll Blut.

Georg Trakl

Verklärter Herbst 1912

Gewaltig endet so das Jahr
mit goldnem Wein und Frucht der Gärten.
Rund schweigen Wälder wunderbar
und sind des Einsamen Gefährten.

Da sagt der Landmann: Es ist gut.
Ihr Abendglocken lang und leise
Gebt noch zum Ende frohen Mut.
Ein Vogelzug grüßt auf der Reise.

Es ist der Liebe milde Zeit.
Im Kahn den blauen Fluß hinunter
Wie schön sich Bild an Bildchen reiht –
Das geht in Ruh und Schweigen unter.

Bertolt Brecht

Tannen 1953

In der Frühe
Sind die tannen kupfern.
So sah ich sie
Vor einem halben Jahrhundert
Vor zwei Weltkriegen
Mit jungen Augen.

Peter Huchel

Der Garten des Theophrast 1962

Theophrast griechischer Philosoph und Naturforscher (372–287 v. Chr.)

Wenn mittags das weiße Feuer
Der Verse über Urnen tanzt,
Gedenke derer, mein Sohn. Gedenke derer;
Die einst Gespräche wie Bäume gepflanzt.
Tot ist der Garten, mein Atem wird schwerer,
Bewahre die Stunde, hier ging Theophrast,
Mit Eichenlohe zu düngen den Boden,
Die wunde Rinde zu binden mit Bast.
Ein Ölbaum spaltet das mürbe Gemäuer
Und ist noch Stimme im heißen Staub.
Sie gaben Befehl, die Wurzel zu roden.
Es sinkt dein Licht, schutzloses Laub.

Eichenlohe zum Gerben zerkleinerte Rinde der Eiche

Sarah Kirsch

Im Sommer 1974

Buchsbaumgärten Garten mit immergrünen Ziersträuchern

Dünnbesiedelt das Land.
Trotz riesigen Feldern und Maschinen
Liegen die Dörfer schläfrig
In Buchsbaumgärten; die Katzen
Trifft selten ein Steinwurf.

Im August fallen Sterne.
Im September bläst man die Jagd an.
Noch fliegt die Graugans, spaziert der Storch
Durch unvergiftete Wiesen. Ach, die Wolken
Wie Berge fliegen sie über die Wälder.

Wenn man hier keine Zeitung hält
Ist die Welt in Ordnung.
In Pflaumenmuskesseln
Spiegelt sich schön das eigne Gesicht und
Feuerrot leuchten die Felder.

Rolf Dieter Brinkman

Landschaft 1975

1 verrußter Baum,
nicht mehr zu bestimmen
1 Autowrack, Glasscherben
1 künstliche Wand, schallschluckend

verschiedene kaputte Schuhe
im blätterlosen Gestrüpp

›Was suchen Sie da?‹

1 Essay, ein Ausflug in die Biologie
das Suchen nach Köcherfliegenlarven, das gelbe

Licht 6 Uhr nachmittags

1 paar Steine

1 Warnschild ›Privat‹
1 hingekarrtes verfaultes Sofa
1 Sportflugzeug

mehrere flüchtende Tiere,
der Rest einer Strumpfhose an
einem Ast, daneben

1 rostiges Fahrradgestell

1 Erinnerung an
1 Zenwitz

Durs Grünbein

In der Provinz 3 — 1999

Böhmen **Region in Tschechien, von Nazi-Deutschland im Zweiten Weltkrieg besetzt**

(Böhmen)

Die Stille um einen toten Maulwurf
Am Rand eines Weizenfeldes, sie trügt.
Unter ihm sammeln sich Käfer, bewaffnete Kräfte
In schwarzer Uniform. Über ihm kreist,
Bevor er abdreht, die Flügel zerzaust, ein Habicht.
Ameisen graben, Kommandos im Eilmarsch,
Am Rückgrat entlang eine Rinne. Im Innern
Laufen die Drähte heiß, wimmeln nervöse Maden
An der Börse der Eingeweide. Vom Bauchfell
Tragen fliegende Händler (oder sind es Reporter)
Die Botschaft in alle vier Winde: Ein Aas, ein Aas!
Nur eine Grille, einen Sprung weit entfernt,
Liest in den Wolkenzügen und sonnt sich
Schweigend ein stoischer Philosoph.

stoischer Philosoph → S. 254

Silke Scheuermann

Dem ehemals häufigsten Vogel der Welt _____ 2001

Letzte einer Art zu sein
was für eine merkwürdige Aufgabe
Wo du doch einmal andere Vorstellungen
von Enge und Weite hattest Sehr verschieden
von der Seniorsuite im Zoo von Cincinnati
Martha letzte Wandertaube der Welt
was für ein Dilemma dass ihr so schmackhaft wart
Eine einzige Delikatess-Großhandlung
verkaufte im Jahr 1855 achtzehntausend
von euch an hungrige New Yorker
Wenn du in deiner Voliere
das wirkliche Fliegen vermisst
erinnere dich an eure Schwärme
Tausende von Metern breit
oder an die Brutkolonien
fünfzig mal sechs Kilometer Wie ihr
als die ersten europäischen
Auswanderer nach Amerika kamen
den Himmel verdunkeltet Wie ihr sie Stunden
im Dunkeln stehen ließt für staunende Berechnungen
Erinnere dich an die Zeit vor
den Tötungsmethoden und dem Eisenbahnnetz
Ein paar wilde Tiere
haben euch bedroht

Cincinnati **Stadt im US-Staat Ohio**

Voliere **Vogelhaus**

Stadt

Ernst Ludwig Kirchner: Nollendorfplatz, 1912

Johann Wolfgang Goethe

Römische Elegien 1788/89

Wie wir einst so glücklich waren,
Müssens jetzt durch euch erfahren.

I.

Saget, Steine, mir an, o sprecht, ihr hohen Paläste!
Straßen, redet ein Wort! Genius, regst du dich nicht?
Ja, es ist alles beseelt in deinen heiligen Mauern,
Ewige Roma; nur mir schweiget noch alles so still.
O wer flüstert mir zu, an welchem Fenster erblick' ich
Einst das holde Geschöpf, das mich versengend erquickt?
Ahn' ich die Wege noch nicht, durch die ich immer und immer
Zu ihr und von ihr zu gehn, opfre die köstliche Zeit?
Noch betracht ich Kirch' und Palast, Ruinen und Säulen,
Wie ein bedächtiger Mann schicklich die Reise benutzt.
Doch bald ist es vorbei: dann wird ein einziger Tempel
Amors Tempel nur sein, der den Geweihten empfängt.
Eine Welt zwar bist du, o Rom; doch ohne die Liebe
Wäre die Welt nicht die Welt, wäre denn Rom auch nicht Rom.

Friedrich Hölderlin

Heidelberg 1800

Lange lieb ich dich schon, möchte dich, mir zur Lust,
Mutter nennen und dir schenken ein kunstlos Lied,
Du, der Vaterlandsstädte
Ländlichschönste, so viel ich sah.

Wie der Vogel des Walds über die Gipfel fliegt,
Schwingt sich über den Strom, wo er vorbei dir glänzt,
Leicht und kräftig die Brücke,
Die von Wagen und Menschen tönt.

Wie von Göttern gesandt, fesselt' ein Zauber einst
Auf die Brücke mich an, da ich vorüberging,
Und herein in die Berge
Mir die reizende Ferne schien,

Und der Jüngling, der Strom, fort in die Ebne zog,
Traurigfroh, wie das Herz, wenn es, sich selbst zu schön,
Liebend unterzugehen,
In die Fluten der Zeit sich wirft.

Quellen hattest du ihm, hattest dem Flüchtigen
Kühle Schatten geschenkt, und die Gestade sahn
All ihm nach, und es bebte
Aus den Wellen ihr lieblich Bild.

Gestade Ufer

Aber schwer in das Tal hing die gigantische,
Schicksalskundige Burg nieder bis auf den Grund,
Von den Wettern zerrissen;
Doch die ewige Sonne goss

Ihr verjüngendes Licht über das alternde
Riesenbild, und umher grünte lebendiger
Efeu; freundliche Wälder
Rauschten über die Burg herab.

Sträuche blühten herab, bis wo im heitern Tal,
An den Hügel gelehnt, oder dem Ufer hold,
Deine fröhlichen Gassen
Unter duftenden Gärten ruhn.

Joseph von Eichendorff

Nachts. Danzig

1842

Dunkle Giebel, hohe Fenster,
Türme tief aus Nebeln sehn.
Bleiche Statuen wie Gespenster
Lautlos an den Türen stehn.

Träumerisch der Mond drauf scheinet,
Dem die Stadt gar wohl gefällt,
Als läg' zauberhaft versteinet
Drunten eine Märchenwelt.

Ringsher durch das tiefe Lauschen,
Über alle Häuser weit,
Nur des Meeres fernes Rauschen.
Wunderbare Einsamkeit!

Und der Türmer wie vor Jahren
Singet ein uraltes Lied:
Wolle Gott den Schiffer wahren,
Der bei Nacht vorüberzieht.

Theodor Storm

Die Stadt 1852

Am grauen Strand, am grauen Meer
Und seitab liegt die Stadt;
Der Nebel drückt die Dächer schwer,
Und durch die Stille braust das Meer
Eintönig um die Stadt.

Es rauscht kein Wald, es schlägt im Mai
Kein Vogel ohn Unterlass;
Die Wandergans mit hartem Schrei
Nur fliegt in Herbstesnacht vorbei,
Am Strande weht das Gras.

Doch hängt mein ganzes Herz an dir,
Du graue Stadt am Meer;
Der Jugend Zauber für und für
Ruht lächelnd doch auf dir, auf dir,
Du graue Stadt am Meer.

Hugo von Hofmannsthal

Siehst du die Stadt

1890 → S. 254

Siehst du die Stadt, wie sie da drüben ruht,
Sich flüsternd schmieget in das Kleid der Nacht?
Es gießt der Mond der Silberseide Flut
Auf sie herab in zauberischer Pracht.

Der laue Nachtwind weht ihr Atmen her,
So geisterhaft, verlöschend leisen Klang:
Sie weint im Traum, sie atmet tief und schwer,
Sie lispelt, rätselvoll, verlockend bang …

Die dunkle Stadt, sie schläft im Herzen mein
Mit Glanz und Glut, mit qualvoll bunter Pracht:
Doch schmeichelnd schwebt um dich ihr Widerschein,
Gedämpft zum Flüstern, gleitend durch die Nacht.

Arno Holz

[In den Grunewald] 1898/99

Grunewald u. a. → S. 254

In den Grunewald,
seit fünf Uhr früh,
spie Berlin seine Extrazüge.

Über die Brücke von Halensee,
über Spandau, Schmargendorf, über den Pichelsberg,
von allen Seiten,
zwischen trommelnden Turnerzügen, zwischen Kremsern mit Musik,
entlang die schimmernde Havel,
kilometerten sich die Chausseeflöhe.

Kremser offener Wagen mit Verdeck

»Pankow, Pankow, Pankow, Kille, Kille« »Rixdorfer« »Schunkelwalzer«
»Holzauktion«

Jetzt ist es Nacht.

Noch immer
aus der Hundequäle
quietscht und empört sich der Leierkasten.

Hinter den Bahndamm, zwischen die dunklen Kuscheln,
verschwindet
eine brennende Zigarre, ein Pfingstkleid.

Luna: lächelt.

Luna Mond

Zwischen weggeworfnem Stullenpapier und Eierschalen
suchen sie die blaue Blume!

Blaue Blume Symbol der Romantik für Sehnsucht und Utopie

Georg Heym

Der Gott der Stadt
1911

Auf einem Häuserblocke sitzt er breit.
Die Winde lagern schwarz um seine Stirn.
Er schaut voll Wut, wo fern in Einsamkeit
Die letzten Häuser in das Land verirrn.

Vom Abend glänzt der rote Bauch dem Baal,
Die großen Städte knien um ihn her.
Der Kirchenglocken ungeheure Zahl
Wogt auf zu ihm aus schwarzer Türme Meer.

Wie Korybanten-Tanz dröhnt die Musik
Der Millionen durch die Straßen laut.
Der Schlote Rauch, die Wolken der Fabrik
Ziehn auf zu ihm, wie Duft von Weihrauch blaut.

Das Wetter schwelt in seinen Augenbrauen.
Der dunkle Abend wird in Nacht betäubt.
Die Stürme flattern, die wie Geier schauen
Von seinem Haupthaar, das im Zorne sträubt.

Er streckt ins Dunkel seine Fleischerfaust.
Er schüttelt sie. Ein Meer von Feuer jagt
Durch eine Straße. Und der Glutqualm braust
Und frisst sie auf, bis spät der Morgen tagt.

Baal
oberster Gott im alten Palästina, der Menschenopfer forderte

Korybanten
kastrierte Priester der phrygischen Göttin Kybele; führen ekstatische Tänze auf

Alfred Lichtenstein

Gesänge an Berlin — 1914

1.

O du Berlin, du bunter Stein, du Biest.
Du wirfst mich mit Laternen wie mit Kletten.
Ach, wenn man nachts durch deine Lichter fließt
Den Weibern nach, den seidenen, den fetten.

So taumelnd wird man von den Augenspielen.
Den Himmel süßt der kleine Mondbonbon.
Wenn schon die Tage auf die Türme fielen,
Glüht noch der Kopf, ein roter Lampion.

2.

Bald muss ich dich verlassen, mein Berlin.
Muss wieder in die öden Städte ziehn.
Bald werde ich auf fernen Hügeln sitzen.
In dicke Wälder deinen Namen ritzen.

Leb wohl, Berlin, mit deinen frechen Feuern.
Lebt wohl, ihr Straßen voll von Abenteuern.
Wer hat wie ich von eurem Schmerz gewusst.
Kaschemmen, ihr, ich drück euch an die Brust.

Kaschemme **heruntergekom-**

3.

In Wiesen und in frommen Winden mögen
Friedliche heitre Menschen selig gleiten.
Wir aber, morsch und längst vergiftet, lögen
Uns selbst was vor beim In-die-Himmel-Schreiten.

In fremden Städten treib ich ohne Ruder.
Hohl sind die fremden Tage und wie Kreide.
Du, mein Berlin, du Opiumrausch, du Luder.
Nur wer die Sehnsucht kennt, weiß, was ich leide.

Nur wer die Sehnsucht kennt **Zitat aus dem Mignon-Lied in Goethes Roman »Wilhelm Meisters Lehrjahre«**

Kurt Tucholsky

Augen in der Großstadt 1930

Wenn du zur Arbeit gehst
am frühen Morgen,
wenn du am Bahnhof stehst
mit deinen Sorgen:
    da zeigt die Stadt
    dir asphaltglatt
  im Menschentrichter
  Millionen Gesichter:
Zwei fremde Augen, ein kurzer Blick,
die Braue, Pupillen, die Lider –
Was war das? vielleicht dein Lebensglück ...
vorbei, verweht, nie wieder.

Du gehst dein Leben lang
auf tausend Straßen;
du siehst auf deinem Gang,
die dich vergaßen.
    Ein Auge winkt,
    die Seele klingt;
  du hast's gefunden,
  nur für Sekunden ...
Zwei fremde Augen, ein kurzer Blick,
die Braue, Pupillen, die Lider;
was war das? kein Mensch dreht die Zeit zurück ...
vorbei, verweht, nie wieder.

Du musst auf deinem Gang
durch Städte wandern;
siehst einen Pulsschlag lang
den fremden Andern.
Es kann ein Feind sein,
es kann ein Freund sein,
es kann im Kampfe dein
Genosse sein.
Es sieht hinüber
und zieht vorüber ...
Zwei fremde Augen, ein kurzer Blick,
die Braue, Pupillen, die Lider.
Was war das?
Von der großen Menschheit ein Stück!
Vorbei, verweht, nie wieder.

Ludwig Meidner: Ich und die Stadt, 1913

Mascha Kaléko

Großstadtliebe 1933

Man lernt sich irgendwo ganz flüchtig kennen
Und gibt sich irgendwann ein Rendezvous.
Ein Irgendwas, — ’s ist nicht genau zu nennen —
Verführt dazu, sich gar nicht mehr zu trennen.
Beim zweiten Himbeereis sagt man sich ›du‹.

Man hat sich lieb und ahnt im Grau der Tage
Das Leuchten froher Abendstunden schon.
Man teilt die Alltagssorgen und die Plage,
Man teilt die Freuden der Gehaltszulage,
… Das übrige besorgt das Telefon.

Man trifft sich im Gewühl der Großstadtstraßen.
Zu Hause geht es nicht. Man wohnt möbliert.
– Durch das Gewirr von Lärm und Autorasen,
– Vorbei am Klatsch der Tanten und der Basen
Geht man zu zweien still und unberührt.

Man küsst sich dann und wann auf stillen Bänken,
– Beziehungsweise auf dem Paddelboot.
Erotik muss auf Sonntag sich beschränken.
… Wer denkt dadran, an später noch zu denken?
Man spricht konkret und wird nur selten rot.

Man schenkt sich keine Rosen und Narzissen,
Und schickt auch keinen Pagen sich ins Haus.
– Hat man genug von Weekendfahrt und Küssen,
Lässt mans einander durch die Reichspost wissen
Per Stenographenschrift ein Wörtchen: ›aus‹!

Stenographenschrift **Kurzschrift**

Jürgen Becker

Wiedersehen nach längerer Zeit ____________ 1977

In diesem Dorf, diesem Vorort geht es
gut weiter. Die zweite Anbindung an die Autobahn
hat die Hauptstraße entlastet; Platz für
die Mofas der Kinder. Der letzte Bauer
verkauft nacheinander seine Parzellen;
über den Quadratmeterpreis wird nur gemunkelt;
auf der Bachaue jetzt ein Sportpark
mit Kegelbahn, Tennishalle und Discothek.
Der Pfarrer kämpft gegen den Unternehmer,
der sein Mietshaus genau auf die Grenze
zum Kirschgarten gesetzt hat; wie es passieren
konnte, versteht keiner, der nicht
die Beziehungen des Unternehmers kennt.
Einige leerstehende Häuschen, vorgesehen
zum Abbruch, mit den verwilderten Gärten
drumherum das Gelände für den dritten
Selbstbedienungsmarkt. In der Luft immer
das Geräusch der Autobahn; mit ihrer
haushohen Trasse umgibt sie den Ort
wie ein Wall, wie ein Damm
gegen Feinde und Katastrophen.
Immer noch, von morgens bis abends, sitzen
hinter der großen Frontscheibe des Altenheims
alte Frauen. Einige schlafen; eine schüttelt
den Kopf; einige warten auf Sonntag und Besuch;
eine winkt, auch wenn niemand vorbeikommt.

Parzelle vermessenes Grundstück

Trasse (geplante) Linienführung eines Verkehrsweges

Günter Kunert

Metropolis

1990 *Metropolis*
→ S. 254

Scharenweise Gehäuse
Leblos liegengeblieben
Geordnet zur Quadratur
des Kreises: zur Stadt.
Das Labyrinth präsentiert sich
verkehrstechnisch übersichtlich
und auswegslos.
Unter den Dächern
die vielen.
Abgestuft wohnhaft,
Fensterflügel.
Ihre einzigen Schwingen
zu graugewordener
Freiheit.

Robert Gernhardt

Roma aeterna — 1991

Roma aeterna **Ewiges Rom**
Foren **Marktplätze**

Das Rom der Foren, Rom der Tempel
Das Rom der Kirchen, Rom der Villen
Das laute Rom und das der stillen
Entlegenen Plätze, wo der Stempel

Verblichner Macht noch an Palästen
Von altem Prunk erzählt und Schrecken
Indes aus moosbegrünten Becken
Des Wassers Spiegel allem Festen

Den Wandel vorhält. So viel Städte
In einer einzigen. Als hätte
Ein Gott sonst sehr verstreuten Glanz

Hierhergelenkt, um alles Scheinen
Zu steingewordenem Sein zu einen:
Rom hat viel alte Bausubstanz.

Durs Grünbein

Berlin 1996

Berlin. Ein Toter saß an dreizehn Wochen
Aufrecht vorm Fernseher, der lief, den Blick
Gebrochen. Im Fernsehen gab ein Fernsehkoch
Den guten Rat zum Kochen.
                                        Verwesung und Gestank im Zimmer,
Hinter Gardinen blaues Flimmern, später
die blanken Knochen
                                    Nichts
Sagten die Nachbarn, die ihn scheu beäugten, denn
Sie alle dachten längst dasselbe: »Ich hab's
Gerochen.«
                    Ein Toter saß an dreizehn Wochen …
Es war ein fraglos schönes Ende
                                                Jahrhundertwende.

Krieg und Frieden

Francisco de Goya oder Goya-Schule: Der Koloss, 1808–1812

Andreas Gryphius

Tränen des Vaterlandes, anno 1636 ________ 1637

Wir sind doch nunmehr ganz, ja mehr denn ganz verheeret!
Der frechen Völker Schar, die rasende Posaun,
Das vom Blut fette Schwert, die donnernde Kartaun
Hat aller Schweiß und Fleiß und Verrat aufgezehret.

Die Türme stehn in Glut, die Kirch ist umgekehret.
Das Rathaus liegt im Graus, die Starken sind zerhaun,
Die Jungfraun sind geschänd', und wo wir hin nur schaun,
Ist Feuer, Pest und Tod, der Herz und Geist durchfähret.

Hier durch die Schanz und Stadt rinnt allzeit frisches Blut.
Dreimal sind schon sechs Jahr, als unser Ströme Flut,
Von Leichen fast verstopft, sich langsam fort gedrungen.

Doch schweig ich noch von dem, was ärger als der Tod,
Was grimmer denn die Pest und Glut und Hungersnot,
Dass auch der Seelenschatz so vielen abgezwungen.

verheeret verwüstet
Kartaun schweres Geschütz
Graus Schutt
Schanz Erdwall
Seelenschatz der rechte Glaube

Johann Wilhelm Gleim

Bei Eröffnung des Feldzuges 1756 ______ 1756/1757

Krieg ist mein Lied! Weil alle Welt
Krieg will, so sei es Krieg!
Berlin sei Sparta! Preußens Held
Gekrönt mit Ruhm und Sieg!

Gern will ich seine Taten tun,
Die Leier in der Hand,
Wenn meine blutgen Waffen ruhn
Und hangen an der Wand.

Auch stimm ich hohen Schlachtgesang
Mit seinen Helden an
Bei Pauken- und Trompetenklang,
Im Lärm von Ross und Mann;

Und streit, ein tapfrer Grenadier,
Von Friedrichs Mut erfüllt!
Was acht ich es, wenn über mir
Kanonendonner brüllt?

Ein Held fall ich; noch sterbend droht
Mein Säbel in der Hand!
Unsterblich macht der Helden Tod,
Der Tod fürs Vaterland!

Auch kömmt man aus der Welt davon
Geschwinder wie der Blitz;
Und wer ihn stirbt, bekömmt zum Lohn,
Im Himmel hohen Sitz!

Eröffnung des Feldzuges **Beginn des Siebenjährigen Krieges 1756–63**

Berlin **preußische Hauptstadt**

Sparta **durch strenge militärische Organisation bekannter Stadtstaat der griechischen Antike**

Preußens Held **Friedrich II. (1712–86), König von Preußen**

Leier **Saiteninstrument**

Pauken- und Trompetenklang **Militärmusik**

Grenadier **Fußsoldat**

Friedrichs Mut **Friedrich II.**

Unsterblich macht der Helden Tod, … **Anspielung auf das Horaz-Zitat »Es ist süß und ehrenhaft, fürs Vaterland zu sterben.«**

Wenn aber ich als solch ein Held
Dir, Mars, nicht sterben soll,
Nicht glänzen soll im Sternenzelt,
So leb' ich dem Apoll!

So werd aus Friedrichs Grenadier,
Dem Schutz, der Ruhm des Staats;
So lern er deutscher Sprache Zier
Und werde sein Horaz.

Dann singe Gott und Friederich,
Nichts Kleiners, stolzes Lied!
Dem Adler gleich erhebe dich,
Der in die Sonne sieht!

Mars
Kriegsgott

Apoll
Gott der Künste

Sprache Zier
Schönheit der Sprache
Horaz
römischer Lyriker und Satiriker (65–8 v. Chr.)

Matthias Claudius

Kriegslied

1779

's ist Krieg! 's ist Krieg! O Gottes Engel wehre,
Und rede du darein!
's ist leider Krieg – und ich begehre
Nicht schuld daran zu sein!

Was sollt ich machen, wenn im Schlaf mit Grämen
Und blutig, bleich und blass,
Die Geister der Erschlag'nen zu mir kämen,
Und vor mir weinten, was?

Wenn wack're Männer, die sich Ehre suchten,
Verstümmelt und halb tot
Im Staub sich vor mir wälzten und mir fluchten
In ihrer Todesnot?

Wenn tausend tausend Väter, Mütter, Bräute,
So glücklich vor dem Krieg,
Nun alle elend, alle arme Leute,
Wehklagten über mich?

Wenn Hunger, böse Seuch und ihre Nöten
Freund, Freund und Feind ins Grab
Versammeleten und mir zu Ehren krähten
Von einer Leich herab?

Was hülf mir Kron und Land und Gold und Ehre?
Die könnten mich nicht freun!
's ist leider Krieg – und ich begehre
Nicht schuld daran zu sein!

Friedrich Schiller

Der Antritt des neuen Jahrhunderts. An*** 1801

Edler Freund! Wo öffnet sich dem Frieden,
Wo der Freiheit sich ein Zufluchtsort?
Das Jahrhundert ist im Sturm geschieden,
Und das neue öffnet sich mit Mord.

Und das Band der Länder ist gehoben,
Und die alten Formen stürzen ein;
Nicht das Weltmeer hemmt des Krieges Toben,
Nicht der Nilgott und der alte Rhein.

Zwo gewalt'ge Nationen ringen
Um der Welt alleinigen Besitz,
Aller Länder Freiheit zu verschlingen,
Schwingen sie den Dreizack und den Blitz.

zwo gewaltige Nationen **Deutschland und Frankreich**

Gold muss ihnen jede Landschaft wägen,
Und wie *Brennus* in der rohen Zeit
Legt der Franke seinen ehrnen Degen
In die Waage der Gerechtigkeit.

Brennus **→ S. 254**
Franke **Franzose**

Seine Handelsflotten streckt der Brite
Gierig wie Polypenarme aus,
Und das Reich der freien Amphitrite
Will er schließen wie sein eignes Haus.

Amphitrite **Gemahlin des griechischen Meergottes Poseidon**

Zu des Südpols nie erblickten Sternen
Dringt sein rastlos ungehemmter Lauf,
Alle Inseln spürt er, alle fernen
Küsten – nur das Paradies nicht auf.

Ach, umsonst auf allen Länderkarten
Spähst du nach dem seligen Gebiet,
Wo der Freiheit ewig grüner Garten,
Wo der Menschheit schöne Jugend blüht.

Endlos liegt die Welt vor deinen Blicken,
Und die Schifffahrt selbst ermisst sie kaum,
Doch auf ihrem unermessnen Rücken
Ist für zehen Glückliche nicht Raum.

In des Herzens heilig stille Räume
Musst du fliehen aus des Lebens Drang:
Freiheit ist nur in dem Reich der Träume,
Und das Schöne blüht nur im Gesang.

Theodor Körner

Das Lützow'sche Freikorps 1813

Lützow preußischer Kavallerie-Major (1782–1834); kämpfte mit seinem Freikorps gegen Napoleon I.

schwarze Gesellen das Freikorps von Lützow trug schwarze Uniformen

Was glänzt dort im Walde im Sonnenschein?
Hör's näher und näher brausen.
Es zieht sich herunter in düsteren Reih'n,
und gellende Hörner erschallen darein,
Und erfüllen die Seelen mit Grausen.
Und wenn ihr die schwarzen Gesellen fragt:
Das ist Lützows wilde verwegene Jagd!

Was zieht dort rasch durch den finsteren Wald
und streift von Bergen zu Bergen?
Es legt sich in nächtlichen Hinterhalt,
das Hurra jauchzt, die Büchse knallt,
es fallen die fränkischen Schergen.
Und wenn ihr die schwarzen Gesellen fragt:
Das ist Lützows wilde verwegene Jagd!

Wo die Reben dort glühen, dort braust der Rhein,
der Wütrich geborgen sich meinte.
Da naht es schnell wie Gewitterschein
und wirft sich mit rüst'gen Armen hinein
und springet ans Ufer der Feinde.
Und wenn ihr die schwarzen Schwimmer fragt:
Das ist Lützows wilde verwegene Jagd!

Was braust dort im Tale die laute Schlacht,
was schlagen die Schwerter zusammen?
Hochherzige Reiter schlagen die Schlacht,
der Funke der Freiheit ist glühend erwacht
und lodert in blutigen Flammen!
Und wenn ihr die schwarzen Reiter fragt:
Das ist Lützows wilde verwegene Jagd!

Wer scheidet dort röchelnd vom Sonnenlicht,
unter winselnde Feinde gebettet?
Es zucket der Tod auf dem Angesicht,
doch die wackeren Herzen erzittern nicht,
das Vaterland ist ja gerettet!
Und wenn ihr die schwarzen Gefall'nen fragt:
Das ist Lützows wilde verwegene Jagd!

Die wilde Jagd und die deutsche Jagd
auf Henkersblut und Tyrannen. –
Drum, die ihr uns liebt, nicht geweint und geklagt!
Das Land ist ja frei und der Morgen tagt,
wenn wir's auch nur sterbend gewannen.
Und von Enkel zu Enkel sei's nachgesagt:
Das war Lützows wilde verwegene Jagd!

Heinrich Heine

Die Grenadiere — 1816

Grenadier **Infanterist, Fußsoldat**

Mär **Erzählung**

Kaiser **Kaiser Napoleon I.**

Nach Frankreich zogen zwei Grenadier',
Die waren in Russland gefangen.
Und als sie kamen ins deutsche Quartier,
Sie ließen die Köpfe hangen.

Da hörten sie beide die traurige Mär:
Dass Frankreich verloren gegangen,
Besiegt und zerschlagen das tapfere Heer, –
Und der Kaiser, der Kaiser gefangen.

Da weinten zusammen die Grenadier'
Wohl ob der kläglichen Kunde.
Der eine sprach: Wie weh wird mir,
Wie brennt meine alte Wunde!

Der Andre sprach: das Lied ist aus,
Auch ich möcht mit dir sterben,
Doch hab' ich Weib und Kind zu Haus,
Die ohne mich verderben.

Was schert mich Weib, was schert mich Kind,
Ich trage weit bess'res Verlangen;
Lass sie betteln gehn, wenn sie hungrig sind, –
Mein Kaiser, mein Kaiser gefangen!

Gewähr' mir Bruder eine Bitt':
Wenn ich jetzt sterben werde,
So nimm meine Leiche nach Frankreich mit,
Begrab' mich in Frankreichs Erde.

Das Ehrenkreuz am roten Band
Sollst du aufs Herz mir legen;
Die Flinte gib mir in die Hand,
Und gürt' mir um den Degen.

So will ich liegen und horchen still,
Wie eine Schildwacht, im Grabe,
Bis einst ich höre Kanonengebrüll,
Und wiehernder Rosse Getrabe.

Dann reitet mein Kaiser wohl über mein Grab,
Viel Schwerter klirren und blitzen;
Dann steig' ich gewaffnet hervor aus dem Grab, –
Den Kaiser, den Kaiser zu schützen.

Georg Heym

Der Krieg I

1911

Aufgestanden ist er, welcher lange schlief,
Aufgestanden unten aus Gewölben tief.
In der Dämmrung steht er, groß und unerkannt,
Und den Mond zerdrückt er in der schwarzen Hand.

In den Abendlärm der Städte fällt es weit,
Frost und Schatten einer fremden Dunkelheit,
Und der Märkte runder Wirbel stockt zu Eis.
Es wird still. Sie sehn sich um. Und keiner weiß.

In den Gassen fasst es ihre Schulter leicht.
Eine Frage. Keine Antwort. Ein Gesicht erbleicht.
In der Ferne wimmert ein Geläute dünn
Und die Bärte zittern um ihr spitzes Kinn.

Auf den Bergen hebt er schon zu tanzen an
Und er schreit: Ihr Krieger alle, auf und an.
Und es schallet, wenn das schwarze Haupt er schwenkt,
Drum von tausend Schädeln laute Kette hängt.

Einem Turm gleich tritt er aus die letzte Glut,
Wo der Tag flieht, sind die Ströme schon voll Blut.
Zahllos sind die Leichen schon im Schilf gestreckt,
Von des Todes starken Vögeln weiß bedeckt.

Über runder Mauern blauem Flammenschwall
Steht er, über schwarzer Gassen Waffenschall.
Über Toren, wo die Wächter liegen quer,
Über Brücken, die von Bergen Toter schwer.

In die Nacht er jagt das Feuer querfeldein
Einen roten Hund mit wilder Mäuler Schrein.
Aus dem Dunkel springt der Nächte schwarze Welt,
Von Vulkanen furchtbar ist ihr Rand erhellt

Und mit tausend roten Zipfelmützen weit
Sind die finstren Ebnen flackend überstreut,
Und was unten auf den Straßen wimmelt hin und her,
Fegt er in die Feuerhaufen, dass die Flamme brenne mehr

Und die Flammen fressen brennend Wald um Wald,
Gelbe Fledermäuse zackig in das Laub gekrallt.
Seine Stange haut er wie ein Köhlerknecht
In die Bäume, dass das Feuer brause recht.

Eine große Stadt versank in gelbem Rauch,
Warf sich lautlos in des Abgrunds Bauch.
Aber riesig über glühnden Trümmern steht
Der in wilde Himmel dreimal seine Fackel dreht

Über sturmzerfetzter Wolken Widerschein,
In des toten Dunkels kalten Wüstenein,
Dass er mit dem Brande weit die Nacht verdorr,
Pech und Feuer träufet unten auf Gomorrh.

Köhlerknecht
alter Beruf: Knecht eines Holzkohlenbrenners

Gomorrh
→ S. 254

August Stramm

Patrouille — 1914

Patrouille soldatischer Erkundungsgang

Die Steine feinden
Fenster grinst Verrat
Äste würgen
Berge Sträucher blättern raschlig
Gellen
Tod.

Georg Trakl

Grodek — 1915

Grodek → S. 254

(2. *Fassung*)

Am Abend tönen die herbstlichen Wälder
Von tödlichen Waffen, die goldnen Ebenen
Und blauen Seen, darüber die Sonne
Düster hinrollt; umfängt die Nacht
Sterbende Krieger, die wilde Klage
Ihrer zerbrochenen Münder.
Doch stille sammelt im Weidengrund
Rotes Gewölk, darin ein zürnender Gott wohnt,
Das vergossne Blut sich, mondne Kühle;
Alle Straßen münden in schwarze Verwesung.
Unter goldnem Gezweig der Nacht und Sternen
Es schwankt der Schwester Schatten durch den schweigenden Hain,
Zu grüßen die Geister der Helden, die blutenden Häupter;
Und leise tönen im Rohr die dunkeln Flöten des Herbstes.
O stolzere Trauer! ihr ehernen Altäre,
Die heiße Flamme des Geistes nährt heute ein gewaltiger Schmerz,
Die ungebornen Enkel.

Schwester Schatten → S. 254
Rohr rohrförmige Halme
ehernen aus Erz bestehend

Erich Kästner

Verdun, viele Jahre später 1931

Verdun Ort einer Schlacht im Nordosten Frankreichs im Ersten Weltkrieg (Februar bis zum Dezember 1916)

Auf den Schlachtfeldern von Verdun
finden die Toten keine Ruhe.
Täglich dringen dort aus der Erde
Helme und Schädel, Schenkel und Schuhe.

Über die Schlachtfelder von Verdun
laufen mit Schaufeln bewaffnete Christen,
kehren Rippen und Köpfe zusammen
und verfrachten die Helden in Kisten.

Oben am Denkmal von Douaumont
liegen zwölftausend Tote im Berge.
Und in den Kisten warten achttausend
Männer vergeblich auf passende Särge.

Douaumont Festung bei Verdun

Und die Bauern packt das Grauen.
Gegen die Toten ist nichts zu erreichen.
Auf den gestern gesäuberten Feldern
liegen morgen zehn neue Leichen.

Diese Gegend ist kein Garten,
und erst recht kein Garten Eden.
Auf den Schlachtfeldern von Verdun
stehn die Toten auf und reden.

Zwischen Ähren und gelben Blumen,
zwischen Unterholz und Farnen
greifen Hände aus dem Boden,
um die Lebenden zu warnen.

Auf den Schlachtfeldern von Verdun
wachsen Leichen als Vermächtnis.
Täglich sagt der Chor der Toten:
»Habt ein besseres Gedächtnis!«

Bertolt Brecht

Die Rückkehr 1944

Vaterstadt **Augsburg**

Die Vaterstadt, wie find ich sie doch?
Folgend den Bombenschwärmen
Komm ich nach Haus.
Wo denn liegt sie? Wo die ungeheueren
Gebirge von Rauch stehn.
Das in den Feuern dort
Ist sie.

Die Vaterstadt, wie empfängt sie mich wohl?
Vor mir kommen die Bomber. Tödliche Schwärme
Melden euch meine Rückkehr. Feuersbrünste
Gehen dem Sohn voraus.

Ingeborg Bachmann

Alle Tage 1952

Der Krieg wird nicht mehr erklärt,
sondern fortgesetzt. Das Unerhörte
ist alltäglich geworden. Der Held
bleibt den Kämpfen fern. Der Schwache
ist in die Feuerzonen gerückt.
Die Uniform des Tages ist die Geduld,
die Auszeichnung der armselige Stern
der Hoffnung über dem Herzen.

Er wird verliehen,
wenn nichts mehr geschieht,
wenn das Trommelfeuer verstummt,
wenn der Feind unsichtbar geworden ist
und der Schatten ewiger Rüstung
den Himmel bedeckt.

Er wird verliehen
für die Flucht von den Fahnen,
für die Tapferkeit vor dem Freund,
für den Verrat unwürdiger Geheimnisse
und die Nichtachtung
jeglichen Befehls.

Marie Luise Kaschnitz

Hiroshima

1957

Der den Tod auf Hiroshima warf → S. 254

Auge der Welt in geistlicher Bedeutung: Gott, hier: Pressefotograf

Der den Tod auf Hiroshima warf
Ging ins Kloster, läutet die Glocken.
Der den Tod auf Hiroshima warf
Sprang vom Stuhl in die Schlinge, erwürgte sich.
Der den Tod auf Hiroshima warf
Fiel in Wahnsinn, wehrt Gespenster ab
Hunderttausend, die ihn angehen nächtlich
Auferstandene aus Staub für ihn.

Nichts von alledem ist wahr.
Erst vor kurzem sah ich ihn
Im Garten seines Hauses vor der Stadt.
Die Hecken waren noch jung und die Rosenbüsche zierlich.
Das wächst nicht so schnell, dass sich einer verbergen könnte
Im Wald des Vergessens. Gut zu sehen war
Das nackte Vorstadthaus, die junge Frau
Die neben ihm stand im Blumenkleid
Das kleine Mädchen an ihrer Hand
Der Knabe der auf seinem Rücken saß
Und über seinem Kopf die Peitsche schwang.
Sehr gut erkennbar war er selbst
Vierbeinig auf dem Grasplatz, das Gesicht
Verzerrt von Lachen, weil der Photograph
Hinter der Hecke stand, das Auge der Welt

Ernst Jandl

schtzngrmm 1957

schtzngrmm
schtzngrmm
t–t–t–t
t–t–t–t
grrrmmmmm
t–t–t–t
s——c——h
tzngrmm
tzngrmm
tzngrmm
grrrmmmmm
schtzn
schtzn
t–t–t–t
t–t–t–t
schtzngrmm
schtzngrmm
tsssssssssssssssssss
grrt
grrrrrt
grrrrrrrrrt
scht
scht
t–t–t–t–t–t–t–t–t–t
scht
tzngrmm
tzngrmm
t-t-t-t-t-t-t-t-t-t
scht
scht
scht
scht
scht
grrrrrrrrrrrrrrrrrrrrrrrrrr
t–tt

Erich Fried

Beim Nachdenken über Vorbilder ____________ 1966

Die uns
vorleben wollen

wie leicht
das Sterben ist

Wenn sie uns
vorsterben wollten

wie leicht
wäre das Leben

Steffen Jacobs

Jardin nouveau ____________ 1996

Kein Elefant im Karussell,
Kein Knabe träumt sich hoch und schnell.

Dort, wo sich, heißt es, Wesen drehten,
kreisen jetzt Mobilraketen.

Drehen durch und rasseln Ketten,
Drohen, schießen, schließen Wetten:

Lauter laute kleine Landser.
Und dann und wann ein weißer Panzer.

Landser einfacher Soldat
Und dann und wann Anspielung auf Rilkes Gedicht »Das Karussell«

Marcel Beyer

Verklirrter Herbst

2002

Verklirrter Herbst **Anspielung auf das Gedicht »Verklärter Herbst« von Georg Trakl (»Gewaltig endet so das Jahr«)**

Der Funker: »Ver-.« Gewaltig endet so der Tag.
»Aufklären.« Sie hängen in den Leitungsmasten.
»Bild an Bildchen. Melden.« Die Drähte brummen
sonderbar. »Hier Herbst.« Hier Einbruch. »Hier
Verklirrtes.« Die Toten, statisch aufgeladen.

Der Funker: »Melden.« Da sagt der Landser: Es
ist gut. »48 Stunden in diesem Loch.« Beinfreiheit,
Blickangst. Und jemand flüstert: Sie sind heiser?
»Falls wir jemals wieder raus.« Das Bahnsteigklima
bringt mich um. »Noch.« Die Viehwaggons
auf Nebengleisen. Wurstflecken.

Der Funker: »Aber selbstverständlich, du willst es
eiskalt, Junge?« Ein Zug fährt an, den er besteigt.
»Da wird dein Hals aber kaputt sein, morgen früh.«
Scheitel, gebürstet. Nah dem Verteiler, sieht er,
sprühen Funken. »Junge, du willst es eiskalt?« Ganz
spezielle Rasuren. Scharmützel. »Leich an Leiche
reiht sich.« Ausrasiert. »Flackern.« »Hinterköpfe.«

Lebensführung und Sinnentwürfe

Walther von der Vogelweide, Große Heidelberger Liederhandschrift (Codex Manesse), um 1300–1340

Walther von der Vogelweide

Ich saz ûf eime steine ________________ 1198/1201

Ich saz ûf eime steine
und dahte bein mit beine.
dar ûf satzt ich den ellenbogen.
ich hete in mîne hant gesmogen
daz kinne und ein mîn wange.
dô dâhte ich mir vil ange,
wie man zer welte solte leben.
deheinen rât kond ich gegeben,
wie man driu dinc erwurbe,
des keinez niht verdurbe.
diu zwei sint êre und varnde guot,
daz dicke ein ander schaden tuot,
daz dritte ist gotes hulde,
der zweier übergulde.
diu wolte ich gerne in einen schrîn:
jâ leider desn mac niht gesîn,
daz guot und weltlich êre
und gotes hulde mêre
zesamene in ein herze komen.
stîg unde wege sint in benomen:
untriuwe ist in der sâze,
gewalt vert ûf der strâze,
fride unde reht sint sêre wunt.
diu driu enhabent geleites niht, diu zwei enwerden ê gesunt.

(Erster Reichsspruch)

dahte
übereinander schlug
gesmogen
geschmiegt
vil ange
sehr genau
deheinen rât
keinen Rat
driu
drei
verdurbe
verdirbt
varnde guot
Besitz
dicke
oft
hulde
Gnade
der zweier übergulde
die beiden weit überstrahlend
schrîn
Schrein
mac
kann
gesîn
sein
gesîn
sein
mêre
dazu
stîg
Steg
untriuwe
Treulosigkeit
sâze
Hinterhalt
vert
herrscht
geleihtes niht
keine Sicherheit

Paul Fleming

An sich — 1648

gib halte dich für
Vergnüge dich begnüge dich

Sei dennoch unverzagt, gib dennoch unverloren,
Weich keinem Glücke nicht, steh höher als der Neid,
Vergnüge dich an dir und acht es für kein Leid,
Hat sich gleich wider dich Glück, Ort und Zeit verschworen.

erkoren gewählt
Verhängnis Bestimmung
gebeut gebietet
geboren hervorgebracht

Was dich betrübt und labt, halt alles für erkoren,
Nimm dein Verhängnis an, lass alles unbereut.
Tu, was getan sein muss, und eh man dir's gebeut.
Was du noch hoffen kannst, das wird noch stets geboren.

In ihm ein jeder selbst ist sich ein jeder selbst

Was klagt, was lobt man doch? Sein Unglück und sein Glücke
Ist ihm ein jeder selbst. Schau alle Sachen an:
Dies alles ist in dir. Lass deinen eitlen Wahn,

förder weiter

Und eh du förder gehst, so geh in dich zurücke.
Wer sein selbst Meister ist, und sich beherrschen kann,
Dem ist die weite Welt und alles untertan.

Friedrich Schiller

Die Worte des Glaubens — 1796

Drei Worte nenn ich euch, inhaltsschwer,
  Sie gehen von Munde zu Munde,
Doch stammen sie nicht von außen her,
  Das Herz nur gibt davon Kunde,
Dem Menschen ist aller Wert geraubt,
Wenn er nicht an die drei Worte glaubt.

Der Mensch ist frei geschaffen, ist frei,
Und würd er in Ketten geboren;
Lasst euch nicht irren des Pöbels Geschrei,
Nicht den Missbrauch rasender Toren.
Vor dem Sklaven, wenn er die Kette bricht,
Vor dem freien Menschen erzittert nicht.

Und die Tugend, sie ist kein leerer Schall,
Der Mensch kann sie üben im Leben;
Und sollt er auch straucheln überall,
Er kann nach der göttlichen streben,
Und was kein Verstand der Verständigen sieht,
Das übet in Einfalt ein kindlich Gemüt.

Und ein Gott ist, ein heiliger Wille lebt,
Wie auch der menschliche wanke,
Hoch über der Zeit und dem Raume webt
Lebendig der höchste Gedanke,
Und ob alles im ewigen Wechsel kreist,
Es beharret im Wechsel ein ruhiger Geist.

Die drei Worte behaltet euch, inhaltsschwer,
Sie pflanzet von Munde zu Munde;
Und stammen sie gleich nicht von außen her,
Euer Innres gibt davon Kunde.
Dem Menschen ist nimmer sein Wert geraubt,
So lang er noch an die drei Worte glaubt.

Friedrich Hölderlin

Hälfte des Lebens 1799

Mit gelben Birnen hänget
Und voll mit wilden Rosen
Das Land in den See,
Ihr holden Schwäne,
Und trunken von Küssen
Tunkt ihr das Haupt
Ins heilignüchterne Wasser.

Weh mir, wo nehm ich, wenn
Es Winter ist, die Blumen, und wo
Den Sonnenschein,
Und Schatten der Erde?
Die Mauern stehn
Sprachlos und kalt, im Winde
Klirren die Fahnen.

tunkt taucht

Johann Wolfgang Goethe

Selige Sehnsucht 1814

Sagt es niemand, nur den Weisen,
Weil die Menge gleich verhöhnet,
Das Lebend'ge will ich preisen,
Das nach Flammentod sich sehnet.

In der Liebesnächte Kühlung,
Die dich zeugte, wo du zeugtest,
Überfällt dich fremde Fühlung,
Wenn die stille Kerze leuchtet.

Nicht mehr bleibest du umfangen
In der Finsternis Beschattung,
Und dich reißet neu Verlangen
Auf zu höherer Begattung.

Keine Ferne macht dich schwierig,
Kommst geflogen und gebannt,
Und zuletzt, des Lichts begierig,
Bist du Schmetterling verbrannt.

Und so lang du das nicht hast,
Dieses: Stirb und Werde!
Bist du nur ein trüber Gast
Auf der dunklen Erde.

Joseph von Eichendorff

Frühlingsfahrt 1818

Rüst'ge kräftige

Es zogen zwei rüst'ge Gesellen
Zum ersten Mal von Haus,
So jubelnd recht in die hellen,
Klingenden, singenden Wellen
Des vollen Frühlings hinaus.

Die strebten nach hohen Dingen,
Die wollten trotz Lust und Schmerz,
Was Recht's in der Welt vollbringen,
Und wem sie vorübergingen,
Dem lachten Sinnen und Herz. –

Schwieger Schwiegermutter

heimlichem heimatlichem

Der erste, der fand ein Liebchen,
Die Schwieger kauft' Hof und Haus;
Der wiegte gar bald ein Bübchen
Und sah aus heimlichem Stübchen
Behaglich ins Feld hinaus.

Sirenen Wesen aus der griechischen Mythologie, die Seefahrer mit ihrem Gesang anlocken und ins Verderben stürzen

buhlenden um Liebe werbenden

Dem zweiten sangen und logen
Die tausend Stimmen im Grund,
Verlockend' Sirenen, und zogen
Ihn in der buhlenden Wogen
Farbig klingenden Schlund.

Und wie er auftaucht' vom Schlunde,
Da war er müde und alt,
Sein Schifflein das lag im Grunde,
So still war's rings in die Runde,
Und über die Wasser weht's kalt.

Es singen und klingen die Wellen
Des Frühlings wohl über mir;
Und seh ich so kecke Gesellen,
Die Tränen im Auge mir schwellen –
Ach Gott, führ uns liebreich zu dir!

Annette von Droste-Hülshoff

Am Turme

1842

Ich steh' auf hohem Balkone am Turm,
Umstrichen vom schreienden Stare,
Und lass' gleich einer Mänade den Sturm
Mir wühlen im flatternden Haare;
O wilder Geselle, o toller Fant,
Ich möchte dich kräftig umschlingen,
Und, Sehne an Sehne, zwei Schritte vom Rand
Auf Tod und Leben dann ringen!

Und drunten seh ich am Strand, so frisch
Wie spielende Doggen, die Wellen
Sich tummeln rings mit Geklaff und Gezisch,
Und glänzende Flocken schnellen.
O, springen möcht' ich hinein alsbald,
Recht in die tobende Meute,
Und jagen durch den korallenen Wald
Das Walross, die lustige Beute!

Mänade
Mänaden sind die rasenden Begleiterinnen des Weingottes Bacchus auf seinem Weg nach Indien

Fant
Knabe

Standarte kleine, viereckige Fahne
luftigen Warte hoch gelegener Wachtturm

Und drüben seh' ich ein Wimpel wehn
So keck wie eine Standarte,
Seh' auf und nieder den Kiel sich dreh'n
Von meiner luftigen Warte;
O, sitzen möcht' ich im kämpfenden Schiff,
Das Steuerruder ergreifen,
Und zischend über das brandende Riff
Wie eine Seemöwe streifen.

auf freier Flur in offenem Gelände

Wär ich ein Jäger auf freier Flur,
Ein Stück nur von einem Soldaten,
Wär ich ein Mann doch mindestens nur,
So würde der Himmel mir raten;
Nun muss ich sitzen so fein und klar,
Gleich einem artigen Kinde,
Und darf nur heimlich lösen mein Haar,
Und lassen es flattern im Winde!

Gottfried Keller

Die Zeit geht nicht 1851

Die Zeit geht nicht, sie stehet still,
Wir ziehen durch sie hin;
Sie ist die Karawanserei,
Wir sind die Pilger drin.

Karawanserei Herberge an Karawanenstraßen; hier: Reise

Ein Etwas, form- und farbenlos,
Das nur Gestalt gewinnt,
Wo ihr drin auf und nieder taucht,
Bis wieder ihr zerrinnt.

Es blitzt ein Tropfen Morgentau
Im Strahl des Sonnenlichts;
Ein Tag kann eine Perle sein
Und ein Jahrhundert. – Nichts!

Es ist ein weißes Pergament
Die Zeit, und jeder schreibt
Mit seinem roten Blut darauf,
Bis ihn der Strom vertreibt.

An dich, du wunderbare Welt,
Du Schönheit ohne End',
Auch ich schreib' 'nen kurzen Liebesbrief
Auf dieses Pergament.

Froh bin ich, dass ich aufgetaucht
In deinem runden Kranz;
Zum Dank trüb' ich die Quelle nicht
Und lobe deinen Glanz!

Heinrich Heine

Parabolen Gleichnisse

Lass die heil'gen Parabolen 1854

VIII Zum Lazarus

Lass die heil'gen Parabolen,
Lass die frommen Hypothesen –
Suche die verdammten Fragen
Ohne Umschweif uns zu lösen.

Ohne Umschweif direkt

Warum schleppt sich blutend, elend,
Unter Kreuzlast der Gerechte,
Während glücklich als ein Sieger
Trabt auf hohem Ross der Schlechte?

Unter Kreuzlast der Gerechte Anspielung auf die Passion Jesu: auf seinem Weg nach Golgatha musste er das Kreuz selbst tragen

Woran liegt die Schuld? Ist etwa
Unser Herr nicht ganz allmächtig?
Oder treibt er selbst den Unfug?
Ach, das wäre niederträchtig.

Also fragen wir beständig,
Bis man uns mit einer Handvoll
Erde endlich stopft die Mäuler –
Aber ist das eine Antwort?

Wilhelm Busch

Dilemma

1874

Dilemma Wahl zwischen zwei unangenehmen Dingen

Das glaube mir – so sagte er –,
Die Welt ist mir zuwider,
Und wenn die Grübelei nicht wär',
So schöss ich mich darnieder.

Was aber wird nach diesem Knall
Sich späterhin begeben?
Warum ist mir mein Todesfall
So eklig wie mein Leben?

Mir wäre doch, potzsapperlot,
Der ganze Spaß verdorben,
Wenn man am Ende gar nicht tot,
Nachdem, dass man gestorben.

potzsapperlot Ausruf, wenn man überrascht ist

Friedrich Nietzsche

Freigeist **Freidenker**

Der Freigeist / Vereinsamt 1884

Die Krähen schrei'n
Und ziehen schwirren Flugs zur Stadt;
Bald wird es schnei'n –
Wohl dem, der jetzt noch – Heimat hat!

Nun stehst du starr,
Schaust rückwärts ach! wie lange schon!
Was bist du Narr
Vor Winters in die Welt entflohn ?

Die Welt – ein Tor
Zu tausend Wüsten stumm und kalt!
Wer das verlor,
Was du verlorst, macht nirgends Halt.

Nun stehst du bleich,
Zur Winter-Wanderschaft verflucht,
Dem Rauche gleich,
Der stets nach kältern Himmeln sucht.

Flieg', Vogel, schnarr'
Dein Lied im Wüsten-Vogel-Ton! –
Versteck', du Narr,
Dein blutend Herz in Eis und Hohn!

Die Krähen schrei'n
Und ziehen schwirren Flugs zur Stadt:
Bald wird es schnei'n,
Weh dem, der keine Heimat hat!

Hugo von Hofmannsthal

Ballade des äußeren Lebens

1895

Und Kinder wachsen auf mit tiefen Augen,
Die von nichts wissen, wachsen auf und sterben,
Und alle Menschen gehen ihre Wege.

Und süße Früchte werden aus den herben
Und fallen nachts wie tote Vögel nieder
Und liegen wenig Tage und verderben.

Und immer weht der Wind, und immer wieder
Vernehmen wir und reden viele Worte
Und spüren Lust und Müdigkeit der Glieder.

Und Straßen laufen durch das Gras, und Orte
Sind da und dort, voll Fackeln, Bäumen, Teichen,
Und drohende und totenhaft verdorrte …

Wozu sind diese aufgebaut und gleichen
Einander nie? und sind unzählig viele?
Was wechselt Lachen, Weinen und Erbleichen?

Was frommt das alles uns und diese Spiele,
Die wir doch groß und ewig einsam sind
Und wandernd nimmer suchen irgend Ziele?

Was frommt's, dergleichen viel gesehen haben?
Und dennoch sagt der viel, der „Abend" sagt,
Ein Wort, daraus Tiefsinn und Trauer rinnt

Wie schwerer Honig aus den hohlen Waben.

frommt **nutzt**

Waben **Bienenwaben**

Else Lasker-Schüler

Mein blaues Klavier 1943

Ich habe zu Hause ein blaues Klavier
Und kenne doch keine Note.

Es steht im Dunkel der Kellertür,
Seitdem die Welt verrohte.

Es spielten Sternenhände vier
– Die Mondfrau sang im Boote –
Nun tanzen die Ratten im Geklirr.

Zerbrochen ist die Klaviatür .....
Ich beweine die blaue Tote.

Ach liebe Engel öffnet mir
– Ich aß vom bitteren Brote –
Mir lebend schon die Himmelstür –
Auch wider dem Verbote.

Gottfried Benn

Reisen — 1950

Meinen Sie Zürich zum Beispiel
sei eine tiefere Stadt,
wo man Wunder und Weihen
immer als Inhalt hat?

Meinen Sie, aus Habana,
weiß und hibiskusrot,
bräche ein ewiges Manna
für Ihre Wüstennot?

Bahnhofstraßen und Rueen,
Boulevards, Lidos, Laan –
selbst auf den Fifth Avenueen
fällt Sie die Leere an –

ach, vergeblich das Fahren!
Spät erst erfahren Sie sich:
bleiben und stille bewahren
das sich umgrenzende Ich.

Habana **Hauptstadt von Kuba, dt. Havanna**
hibiskusrot **Hibiskus: Zierstrauch**
Manna **legendäres (vom Himmel gefallenes Brot) der Israeliten während ihres Zugs durch die Wüste**
Lido **Landzunge (z. B. in Venedig)**
Laan **niederländisch: Allee, Avenue**

Bertolt Brecht

Vergnügungen 1954

Der erste Blick aus dem Fenster am Morgen
Das wiedergefundene alte Buch
Begeisterte Gesichter
Schnee, der Wechsel der Jahreszeiten
Die Zeitung
Der Hund
Die Dialektik
Duschen, Schwimmen
Alte Musik
Bequeme Schuhe
Begreifen
Neue Musik
Schreiben, Pflanzen
Reisen
Singen
Freundlich sein.

Dialektik
Lehre von den Gegensätzen

Hans Magnus Enzensberger

geburtsanzeige 1957

Wenn dieses Bündel auf die Welt geworfen wird
die Windeln sind noch nicht einmal gesäumt
der Pfarrer nimmt das Trinkgeld eh er's tauft
doch seine Träume sind längst ausgeträumt
es ist verraten und verkauft

wenn es die Zange noch am Schädel packt
verzehrt der Arzt bereit das Huhn das es bezahlt
der Händler zieht die Tratte und es trieft
von Tinte und von Blut der Stempel prahlt
es ist verzettelt und verbrieft

Tratte
gezogener Wechsel

wenn es im süßlichen Gestank der Klinik plärrt
beziffern die Strategen schon den Tag
der Musterung des Mords der Scharlatan
drückt seinen Daumen unter den Vertrag
es ist versichert und vertan

Scharlatan
Person, die Fähigkeiten vorschwindelt

noch wiegt es wenig hässlich rot und zart
wieviel es netto abwirft welcher Richtsatz gilt
was man es lehrt und was man ihm verbirgt
die Zukunft ist vergriffen und gedrillt
es ist verworfen und verwirkt

wenn es mit krummer Hand die Luft noch fremd begreift
steht fest was es bezahlt für Milch und Telefon
der Gastarif wenn es im grauen Bett erstickt
und für das Weib das es dann wäscht der Lohn
es ist verbucht verhängt verstrickt

wenn nicht Bündel das da jault und greint
die Grube überhäuft den Groll vertreibt
was wir ihm zugerichtet kalt zerrauft
mit unerhörter Schrift die schiere Zeit beschreibt
ist es verraten und verkauft.

Rolf Dieter Brinkmann

Selbstbildnis im Supermarkt ______________ 1968

In einer
großen
Fensterscheibe des Super-

markts komme ich mir selbst
entgegen, wie ich bin.

Der Schlag, der trifft, ist
nicht der erwartete Schlag
aber der Schlag trifft mich

trotzdem. Und ich geh weiter

bis ich vor einer kahlen
Wand steh und nicht weiter
weiß.

Dort holt mich später dann
sicher jemand

ab.

Jürgen Theobaldy

Das Glück der Werbung ______________ 1983

Die Sahnebecher sind versammelt
In den Kühltruhen. Wie ordentlich
sie beieinander stehen! Aus Plastik!
Die Früchtejoghurts bilden Reihen!

Wir tanzen locker auf sie zu,
wir schweben die Regale lang,
sie hängen voll, die Sommermärkte,
der Urlaub ist die schönste Zeit

des Jahrs! Das loben wir, und gehen
in Turnschuhen durch Musik.
Die Kassen rattern sanfter. Küsschen!
Sieh unsern dicken Jungen da,

er spielt mit einem Teich aus Glas.
Mir rutscht vom spitzen Kopf der Strohhut,
und in den Reisebüros, heißt
es, steigt die Flut der Angebote.

Sieh unsern dicken Jungen – aus Glas
→ S. 255

Mir rutscht … die Flut der Angebote
→ S. 255

Friederike Mayröcker

was brauchst du 1996

was brauchst du? einen Baum ein Haus zu
ermessen wie grosz wie klein das das Leben als Mensch
wie grosz wie wenn du aufblickst zur Krone
dich verlierst in grüner üppiger Schönheit
wie grosz wie klein bedenkst du wie kurz
dein Leben vergleichst du es mit dem Leben der Bäume
du brauchst einen Baum du brauchst ein Haus
keines für dich allein nur ein Winkel ein Dach
zu sitzen zu denken zu schlafen zu träumen
zu schreiben zu schweigen zu sehen den Freund
die Gestirne das Gras die Blume den Himmel

für Heinz Lunzer

grosz individuelle Rechtschreibung der Autorin

Bas Böttcher

dran glauben — 2009

Häng deine Hoffnung an ein Plastikschwein made in Taiwan
Häng deine Hoffnung an ein Pflasterstein und andern Kleinkram
Zur Show gibt es Kitsch
Zum Popstar das Image
Zur Schönheit die Bräunung
Zum Glück gibt's die Täuschung
Also:
Dran glauben!
Kram kaufen!
Augen schließen!
Den Schwindel genießen!

Häng deine Ziele an den Masterplan von Microsoft
Häng deine Ziele an die Straßenbahn zum Luxusloft
Zum Reichtum gibt's Schätze
Zum Brechen Gesetze
Zur Unschuld die Leugnung
Zum Glück gibt's die Täuschung
Also:
Dran glauben!
Kram kaufen!
Augen schließen!
Den Schwindel genießen!

Häng deine Träume an die Funknetze der Telekom
Häng deine Träume an Goldschätze und Pokémon
Zur Ware gibt's Werbung
Zum Blondieren die Färbung
Zum Traum gibt's die Deutung
Zum Glück gibt's die Täuschung
Also:
Dran glauben!
Kram kaufen!
Augen schließen!
Den Schwindel genießen!

Häng deine Wünsche an die Serien auf Pro Sieben
Häng deine Wünsche an die Ferien und ans Verlieben
Zur Liebe gibt's Treue
Zum Fremdgehn die Reue
Zum Schmerz die Betäubung
Zum Glück gibt's die Täuschung
Also:
Dran glauben!
Kram kaufen!
Augen schließen!
Den Schwindel genießen!

Politik und Gesellschaft

Georg Grosz: Die Stützen der Gesellschaft, 1926

Friedrich von Logau

Heutige Weltkunst 1654

Anders sein und anders scheinen:
Anders reden, anders meinen:
Alles loben, alles tragen,
Allen heucheln, stets behagen,
Allem Winde Segel geben:
Bös' und Guten dienstbar leben:
Alles Tun und alles Dichten
Bloß auf eignen Nutzen richten:
Wer sich dessen will befleißen,
Kann politisch heuer heißen.

Friedrich von Logau

Die jetzige Welt-Kunst 1654

Die Welt-Kunst ist ein Herr, das Christentum ihr Knecht;
Der Nutz' sitzt auf dem Thron; im Kerker sitzt das Recht.

Gotthold Ephraim Lessing

Der Tanzbär 1751

Tanzbär halbzahmer Bär, der zur Belustigung des Publikums tanzt

Ein Tanzbär war der Kett entrissen,
Kam wieder in den Wald zurück,
Und tanzte seiner Schar ein Meisterstück
Auf den gewohnten Hinterfüßen.
»Seht«, schrie er, »das ist Kunst; das lernt man in der Welt.
Tut mir es nach, wenns euch gefällt,
Und wenn ihr könnt!« »Geh«, brummt ein alter Bär,
»Dergleichen Kunst, sie sei so schwer,
Sie sei so rar sie sei!
Zeigt deinen niedern Geist und deine Sklaverei.«
Ein großer Hofmann sein,
Ein Mann, dem Schmeichelei und List
Statt Witz und Tugend ist;
Der durch Kabalen steigt, des Fürsten Gunst erstiehlt,
Mit Wort und Schwur als Komplimenten spielt,
Ein solcher Mann, ein großer Hofmann sein,
Schließt das Lob oder Tadel ein?

Hofmann Politiker am Hof eines Fürsten
Witz Verstand
Kabale Intrige am Hof

Johann Wolfgang von Goethe

Prometheus

1774

Bedecke deinen Himmel, Zeus,
Mit Wolkendunst!
Und übe, Knaben gleich,
Der Disteln köpft,
An Eichen dich und Bergeshöhn!
Musst mir meine Erde
Doch lassen stehn,
Und meine Hütte,
Die du nicht gebaut,
Und meinen Herd,
Um dessen Glut
Du mich beneidest.

Ich kenne nichts Ärmeres
Unter der Sonn' als euch Götter.
Ihr nähret kümmerlich
Von Opfersteuern
Und Gebetshauch
Eure Majestät
Und darbtet, wären
Nicht Kinder und Bettler
Hoffnungsvolle Toren.

Da ich ein Kind war,
Nicht wusst', wo aus, wo ein,
Kehrt' ich mein verirrtes Aug'
Zur Sonne, als wenn drüber wär'
Ein Ohr, zu hören meine Klage,
Ein Herz wie meins,
Sich des Bedrängten zu erbarmen.

Prometheus
→ S. 255

Zeus
oberster Gott in der griechischen Mythologie

Herd
Prometheus brachte den Menschen das Feuer

nähret
ernährt
Opfersteuern
Opfergaben

darben
Mangel leiden

Titanen nach der Mythologie ist Prometheus ein Titan

Wer half mir wider
Der Titanen Übermut?
Wer rettete vom Tode mich,
Von Sklaverei?
Hast du's nicht alles selbst vollendet,
Heilig glühend Herz?
Und glühtest, jung und gut,
Betrogen, Rettungsdank
Dem Schlafenden dadroben?

allmächtige Zeit in der griechischen Mythologie sind auch die Götter der Zeit unterworfen

Ich dich ehren? Wofür?
Hast du die Schmerzen gelindert
Je des Beladenen?
Hast du die Tränen gestillet
Je des Geängsteten?
Hat nicht mich zum Manne geschmiedet
Die allmächtige Zeit
Und das ewige Schicksal,
Meine Herrn und deine?

Wähntest du glaubst du

Wähntest du etwa,
Ich sollte das Leben hassen,
In Wüsten fliehn,
Weil nicht alle Knabenmorgen-
Blütenträume reiften?

Hier sitz ich, forme Menschen
Nach meinem Bilde,
Ein Geschlecht, das mir gleich sei,
Zu leiden, weinen,
Genießen und zu freuen sich,
Und dein nicht zu achten,
Wie ich.

Gottfried Bürger

Der Bauer

1773–75

An seinen durchlauchigsten Tyrannen

Wer bist du, Fürst, dass ohne Scheu
Zerrollen mich dein Wagenrad,
Zerschlagen darf dein Ross?

Wer bist du, Fürst, dass in mein Fleisch
Dein Freund, dein Jagdhund, ungebleut
Darf Klau und Rachen haun?

Wer bist du, dass durch Saat und Forst
Das Hurra deiner Jagd mich treibt,
Entatmet wie das Wild? –

Die Saat, so deine Jagd zertritt,
Was Ross und Hund und du verschlingst,
Das Brot, du Fürst, ist mein.

Du Fürst hast nicht bei Egg und Pflug,
Hast nicht den Erntetag durchschwitzt.
Mein, mein ist Fleiß und Brot! –

Ha!, du wärst Obrigkeit von Gott?
Gott spendet Segen aus; du raubst!
Du nicht von Gott, Tyrann!

ungebleut **ungeprügelt**

Entatmet **atemlos**

Die Saat, so deine Jagd zertritt **die Fürsten mussten für den Flurschaden, den ihre Jagden anrichteten, nicht aufkommen**

Heinrich Heine

Die schlesischen Weber 1845

Die schlesischen Weber historischer Hintergrund ist der Aufstand der schlesischen Weber von 1844
den dreifachen Fluch → S. 255

Im düstern Auge keine Träne,
Sie sitzen am Webstuhl und fletschen die Zähne:
Deutschland, wir weben dein Leichentuch,
Wir weben hinein den dreifachen Fluch –
Wir weben, wir weben!

geäfft und gefoppt und genarrt betrogen, reingelegt

Ein Fluch dem Gotte, zu dem wir gebeten
In Winterskälte und Hungersnöten;
Wir haben vergebens gehofft und geharrt,
Er hat uns geäfft und gefoppt und genarrt –
Wir weben, wir weben!

Groschen zehn Pfennige

Ein Fluch dem König, dem König der Reichen,
Den unser Elend nicht konnte erweichen,
Der den letzten Groschen von uns erpresst
Und uns wie Hunde erschießen lässt –
Wir weben, wir weben!

Schiffchen bei Handwebstühlen das Holzklötzchen, an dem der Querfaden befestigt ist
Altdeutschland bürgerliche Opposition, die nach 1815 die Einheit Deutschlands im alten Geist anstrebte

Ein Fluch dem falschen Vaterlande,
Wo nur gedeihen Schmach und Schande,
Wo jede Blume früh geknickt,
Wo Fäulnis und Moder den Wurm erquickt –
Wir weben, wir weben!

Das Schiffchen fliegt, der Webstuhl kracht,
Wir weben emsig Tag und Nacht –
Altdeutschland, wir weben dein Leichentuch –
wir weben hinein den dreifachen Fluch,
Wir weben, wir weben!

Käthe Kollwitz: Der Aufstand der schlesischen Weber, 1844

Karl Henckell

Das Lied vom Eisenarbeiter 1884

Es stampft und dröhnt mit dumpfem Ton
Und qualmt und raucht ringsum,
Und Mann an Mann in schwerer Fron
An seinem Platze stumm.
Der Hammer sinkt, die Esse sprüht,
Das Eisen in der Flamme glüht.

Frühmorgens, wenn der Schlemmer träg
Auf weichem Pfühl sich reckt,
Macht sich der Lohnsklav auf den Weg,
Vom Dampfpfiff aufgeschreckt.

Fron
im Mittelalter schwere Arbeit, die für den Lehnsherrn geleistet werden musste
Esse
offene Feuerstelle mit Kamin
Pfühl
weiches Lager

Sold **Soldatenlohn**

Tand **wertloses Zeug**

Und Tag für Tag um kargen Sold
Rührt er die raue Hand,
Er geizt um Ehre nicht, um Gold
Und all den glatten Tand.

Kein süßes Lied berührt sein Ohr,
Durch das die Sorge gellt,
Kein Dichter öffnet ihm das Tor
Zu einer schönern Welt.

Er denkt, der Mensch sei gleich und frei,
Ob auch in Schweiß und Ruß –
Der Hochmut rollt an ihm vorbei,
Der Stolz vergällt den Gruß.

Getos **Lärm**

Wohl nagt am Herzen weh und wund
Ihm oft sein bittres Los,
Dann bricht ein Fluch aus trotzigem Mund,
Verschlungen vom Getos:

»Das ist ein grausam Weltgebot,
Fremd sind sich Herr und Knecht.«
Sein Auge blitzt, sein Feuer lobt:
»Allmächtiger, sei gerecht!

Weltgericht **der Jüngste Tag**

Und wenn ein Gott im Himmel nicht
Den Schrei der Not versteht,
Dann stürm herein, du Weltgericht,
Wo alles untergeht!«
Der Hammer sinkt, die Esse sprüht,
Das Eisen in der Flamme glüht.

Johannes R. Becher

Spartakus 1919

Sklaven (Millionen) rissest du aus Schründen!
Und du zerschelltest. Dennoch *blüht* dein Reich.
O deine Tat besternt – welch Glück – die Welten ....
Der Mensch ist gleich!

Auch heute du zerstampft. Ein Noch-Zerschellter.
Sie aber töten nicht den Geist.
Zurück, empor gen unberührte Wälder!
Der Mensch sei frei!

Ich breche auf. Ich komme! Ah: Trompeten.
Die Gräber öffnen sich. Ich löse Blut.
Verkündigung: – Erfüllung. Ewiger Frieden.
Der Mensch wird gut!

Spartakus römischer Sklavenführer (109–71 v. Chr.); der Spartakusbund war ein von Rosa Luxemburg und Karl Liebknecht gegründeter revolutionärer kommunistischer Verband

Schründe Riss, Spalte

Erich Kästner

Jahrgang 1899 1933

Wir haben die Frauen zu Bett gebracht,
als die Männer in Frankreich standen.
Wir hatten uns das viel schöner gedacht.
Wir waren nur Konfirmanden.

Dann holte man uns zum Militär,
bloß so als Kanonenfutter.
In der Schule wurden die Bänke leer,
zu Hause weinte die Mutter.

Männer in Frankreich deutsche Soldaten im Ersten Weltkrieg auf französischem Boden

bisschen Revolution Novemberrevolution von 1918 in Deutschland
Gonokokken Geschlechtskrankheit, Tripper

Dann gab es ein bisschen Revolution
und schneite Kartoffelflocken;
dann kamen die Frauen, wie früher schon,
und dann kamen die Gonokokken.

Inzwischen verlor der Alte sein Geld,
da wurden wir Nachtstudenten.
Bei Tag waren wir bureau-angestellt
und rechneten mit Prozenten.

ausgeschabt eine Abtreibung

Dann hätte sie fast ein Kind gehabt,
ob von dir, ob von mir – was weiß ich!
Das hat ihr ein Freund von uns ausgeschabt.
Und nächstens werden wir Dreißig.

Wir haben sogar ein Examen gemacht
und das meiste schon wieder vergessen.
Jetzt sind wir allein bei Tag und bei Nacht
und haben nichts Rechtes zu fressen!

Ypern Schlachtort in Flandern im Ersten Weltkrieg

Wir haben der Welt in die Schnauze geguckt,
anstatt mit Puppen zu spielen.
Wir haben der Welt auf die Weste gespuckt,
soweit wir vor Ypern nicht fielen.

Man hat unsern Körper und hat unsern Geist
ein wenig zu wenig gekräftigt.
Man hat uns zu lange, zu früh und zumeist
in der Weltgeschichte beschäftigt.

Die Alten behaupten, es würde nun Zeit
für uns zum Säen und Ernten.
Noch einen Moment. Bald sind wir bereit.
Noch einen Moment. Bald ist es so weit.
Dann zeigen wir euch, was wir lernten.

Bertolt Brecht

Die Lösung — 1953

Nach dem Aufstand des 17. Juni
Ließ der Sekretär des Schriftstellerverbands
In der Stalinallee Flugblätter verteilen,
Auf denen zu lesen war, daß das Volk
Das Vertrauen der Regierung verscherzt habe
Und es nur durch verdoppelte Arbeit
Zurückerobern könne. Wäre es da
Nicht doch einfacher, die Regierung
Löste das Volk auf und
Wählte ein anderes?
Originale Rechtschreibung

17. Juni / Sekretär des Schriftstellerbands → S. 255
Stalinallee **ehemalige Straße in Berlin, benannt nach dem russischen Diktator Stalin (1878–1953)**

Hans Magnus Enzensberger

Middle Class Blues — 1964

wir können nicht klagen.
die verhältnisse sind geordnet.
wir sind satt.
wir essen.

das gras wächst.
das sozialprodukt,
der fingernagel,
die vergangenheit.

die strassen sind leer.
die abschlüsse sind perfekt.
die sirenen schweigen.
das geht vorüber.

die toten haben ihr testament gemacht.
der regen hat nachgelassen.
der krieg ist noch nicht erklärt.
das hat keine eile.

wir essen das gras.
wir essen das sozialprodukt.
wir essen die fingernägel.
wir essen die vergangenheit.

wir haben nichts zu verheimlichen.
wir haben nichts zu versäumen.
wir haben nichts zu sagen.
wir haben.

die uhr ist aufgezogen.
wir haben zu tun.
die teller sind abgespült.
der letzte autobus fährt vorbei.

er ist leer.

wir können nicht klagen.

worauf warten wir noch?

Wolf Biermann

Ermutigung

1968

Peter Huchel gewidmet

Du, lass dich nicht verhärten
In dieser harten Zeit.
Die allzu hart sind, brechen
Die allzu spitz sind, stechen
Und brechen ab sogleich

Du, lass dich nicht verbittern
In dieser bittren Zeit
Die Herrschenden erzittern
– sitzt du erst hinter Gittern –
Doch nicht vor deinem Leid

Du, lass dich nicht erschrecken
In dieser Schreckenszeit
Das wolln sie doch bezwecken
Dass wir die Waffen strecken
Schon vor dem großen Streit

Du, lass dich nicht verbrauchen
Gebrauche deine Zeit
Du kannst nicht untertauchen
Du brauchst uns, und wir brauchen
Grad deine Heiterkeit

Wir wolln es nicht verschweigen
In dieser Schweigezeit
Das Grün bricht aus den Zweigen
Wir wolln das allen zeigen
Dann wissen sie Bescheid

Ernst Jandl

wien: heldenplatz 1976

Heldenplatz
15.03.1938 auf dem Wiener Heldenplatz: Hitlers Bekanntgabe des »Anschlusses« von Österreich an Deutschland

der glanze heldenplatz zirka
versaggerte in maschenhaftem männchenmeere
drunter auch frauen die ans maskelknie
zu heften heftig sich versuchten, hoffensdick
und brüllzten wesentlich.

verwogener stirnscheitelunterschwang
nach nöten nördlich, kechelte
mit zu-nummernder aufs bluten feilzer stimme
hinsensend sämmertliche eigenwäscher.

pirsch!
döppelte der gottelbock von Sa-Atz zu Sa-Atz
mit hünig sprenkem stimmstummel.
balzerig würmelte es im männechensee
und den weibern ward so pfingstig ums heil
zumahn: wenn ein knie-ender sie hirschelte.

Peter Rühmkorf

Bleib erschütterbar und widersteh ____________ 1979

Also heut: zum Ersten, Zweiten, Letzten:
Allen Durchgedrehten, Umgehetzten,
was ich, kaum erhoben, wanken seh,
gestern an und morgen abgeschaltet:
Eh dein Kopf zum Totenkopf erkaltet:
Bleib erschütterbar – doch widersteh!

Die uns Erde, Wasser, Luft versauen
– Fortschritt marsch! mit Gas und Gottvertrauen –
Ehe sie dich einvernehmen, eh
du im Strudel bist und schon im Solde,
wartend, dass die Kotze sich vergolde:
Bleib erschütterbar – und widersteh.

Solde Sold, Soldatenlohn

Schön, wie sich die Sterblichen berühren –
Knüppel zielen schon auf Hirn und Nieren,
dass der Liebe gleich der Mut vergeh …
Wer geduckt steht, will auch andre biegen.
(Sorgen brauchst du dir nicht selber zuzufügen;
alles, was gefürchtet wird, wird wahr!)
Bleib erschütterbar.
Bleib erschütterbar – doch widersteh.

Widersteht! im Siegen Ungeübte,
zwischen Scylla hier und dort Charybde
schwankt der Wechselkurs der Odyssee …
Finsternis kommt reichlich nachgeflossen;
aber du mit – such sie dir! – Genossen!
teilst das Dunkel, und es teilt sich die Gefahr,
leicht und jäh – – –
Bleib erschütterbar!
Bleib erschütterbar – und widersteh.

Scylla und Charybde → S. 256

Volker Braun

Das Eigentum — 1991

Krieg den Hütten … **Umkehrung des berühmten Kampfappells der Französischen Revolution: »Friede den Hütten, Krieg den Palästen«**

Da bin ich noch: mein Land geht in den Westen.
KRIEG DEN HÜTTEN FRIEDE DEN PALÄSTEN.
Ich selber habe ihm den Tritt versetzt.
Es wirft sich weg und seine magre Zierde.
Dem Winter folgt der Sommer der Begierde.
Und ich kann *bleiben wo der Pfeffer wächst.*
Und unverständlich wird mein ganzer Text.
Was ich niemals besaß wird mir entrissen.
Was ich nicht lebte, werd ich ewig missen.
Die Hoffnung lag im Weg wie eine Falle.
Mein Eigentum, jetzt habt ihrs auf der Kralle.
Wann sag ich wieder mein und meine alle.

Durs Grünbein

Novembertage — 1999

I. 1989

Stottern der Gesetze → S. 256

Auguren Wahrsager

An diesem Abend brach ein Stottern die Gesetze,
Ein Lesefehler hob die heiligen Verbote auf.
So nüchtern wie die Meldung in die Welt ging
Vor Mikrofon und Kamera, war jener Spuk vorbei,
Den sie verordnet hatten. Erstmals sah man
Die kommunistischen Auguren zögernd lächeln
Wie Spieler, die verlieren, und jetzt wissen sie,
Was sie, gewiegt in Sicherheit, vergessen hatten.
Mit einer letzten Drohung, einer Atempause,
Erklärten Greise meine Geiselnahme für beendet.

In dieser Nacht, als man die Schleusen aufzog,
Ergoss ein Menschenstrom sich in den hellen Teil
Der Stadt, die eine Festung war seit dreißig Jahren.
Geschleift von einem falschen Wort im Protokoll.
Bevor die Eisentore widerriefen, hob die Menge
Den Bann auf, der hier alle Muskeln lähmte.
Mit offnem Mund am Straßenrand ein Offizier
Stand wie verrenkt, weil kein Befehl mehr lenkte,
Das Machtwort ausblieb wie seit Jahren nie.
Als gegen Morgen auf den Boulevards im Westen,
Nach Feuerwerk und Kreisverkehr und Tränen,
Das Freibier ausging, war das Glück vollkommen.
Bei einer Kreuzung stand verlassen, abgebrannt
Bis zu den Rädern, ein *Trabant*, und die Besitzer
Hatten die Autoschlüssel an den Baum gehängt.
Von ihren Kindern angetrieben, ganze Clans
Zogen durchs Zentrum, orientierungslos und still.
Die Ersten schliefen schon, sie lagen eingerollt
Vorm Kaufhaus selig unter den Vitrinen,
Auf teurem Pflaster träumend freien Grund.

Trabant **DDR-Auto**

Sprache und Kommunikation

Richard Oelze: Die Erwartung, 1935

Friedrich Schiller

Sprache 1797

Warum kann der lebendige Geist dem Geist nicht erscheinen!
Spricht die Seele, so spricht ach! schon die Seele nicht mehr.

Novalis

Wenn nicht mehr Zahlen und Figuren 1800

Wenn nicht mehr Zahlen und Figuren
Sind Schlüssel aller Kreaturen
Wenn die, so singen oder küssen,
Mehr als die Tiefgelehrten wissen,
Wenn sich die Welt ins freie Leben,
Und in die Welt wird zurückbegeben,
Wenn dann sich wieder Licht und Schatten
Zu echter Klarheit werden gatten,
Und man in Märchen und Gedichten
Erkennt die ew'gen Weltgeschichten,
Dann fliegt vor einem geheimen Wort
Das ganze verkehrte Wesen fort.

gatten **verbinden**

Johann Wolfgang Goethe

Wink 1814/15

Und doch haben sie recht, die ich schelte:
Denn, dass ein Wort nicht einfach gelte,
Das müsste sich wohl von selbst verstehn.
Das Wort ist ein Fächer! Zwischen den Stäben
Blicken ein Paar schöne Augen hervor.
Der Fächer ist nur ein lieblicher Flor,
Er verdeckt mir zwar das Gesicht,
Aber das Mädchen verbirgt er nicht,
Weil das Schönste, was sie besitzt,
Das Auge, mir ins Auge blitzt.

Fächer **halbkreisförmiger Gegenstand aus Seide, um sich kühlende Luft zuzufächeln**
Flor **durchsichtiges Gewebe**

Joseph von Eichendorff

Wünschelrute 1835

Schläft ein Lied in allen Dingen,
Die da träumen fort und fort,
Und die Welt hebt an zu singen,
Triffst du nur das Zauberwort.

Friedrich Nietzsche

Das Wort

1892

Lebendgem Worte bin ich gut:
Das springt heran so wohlgemut,
das grüßt mit artigem Geschick,
hat Blut in sich, kann herzhaft schnauben,
kriecht dann zum Ohre selbst dem Tauben
und ringelt sich und flattert jetzt,
und was es tut, das Wort ergötzt.

Doch bleibt das Wort ein zartes Wesen,
bald krank und aber bald genesen.
Willst ihm sein kleines Leben lassen,
musst du es leicht und zierlich fassen,
nicht plump betasten und bedrücken,
es stirbt oft schon an bösen Blicken –
und liegt dann da, so ungestalt,
so seelenlos, so arm und kalt,
sein kleiner Leichnam arg verwandelt,
von Tod und Sterben missgehandelt.

Ein totes Wort – ein hässlich Ding,
ein klapperdürres Kling-Kling-Kling.
Pfui allen hässlichen Gewerben,
an denen Wort und Wörter sterben.

Rainer Maria Rilke

Ich fürchte mich so vor der Menschen Wort __ 1899

Ich fürchte mich so vor der Menschen Wort.
Sie sprechen alles so deutlich aus:
Und dieses heißt Hund und jenes heißt Haus,
und hier ist Beginn und das Ende ist dort.

Mich bangt auch ihr Sinn, ihr Spiel mit dem Spott,
sie wissen alles, was wird und war;
kein Berg ist ihnen mehr wunderbar;
ihr Garten und Gut grenzt grade an Gott.

Ich will immer warnen und wehren: Bleibt fern.
Die Dinge singen hör ich so gern.
Ihr rührt sie an: sie sind starr und stumm.
Ihr bringt mir alle die Dinge um.

Stefan George

Das Wort — 1919

Wunder von ferne oder traum
Bracht ich an meines landes saum

Und harrte bis die graue norn
Den namen fand in ihrem born –

Drauf konnt ichs greifen dicht und stark
Nun blüht und glänzt es durch die mark …

Einst langt ich an nach guter fahrt
Mit einem kleinod reich und zart

Sie suchte lang und gab mir kund:
»So schläft hier nichts auf tiefem grund«

Worauf es meiner hand entrann
Und nie mein land den schatz gewann …

So lernt ich traurig den verzicht:
Kein ding sei wo das wort gebricht

norn **Schicksalsgöttin**
born **Brunnen, Quelle**
mark **Grenzland**

Gottfried Benn

Ein Wort

1948

Chiffren verschlüsselte Zeichen
Sphären → S. 256

Ein Wort, ein Satz –: aus Chiffren steigen
erkanntes Leben, jäher Sinn,
die Sonne steht, die Sphären schweigen,
und alles ballt sich zu ihm hin.

Ein Wort – ein Glanz, ein Flug, ein Feuer,
ein Flammenwurf, ein Sternenstrich -
und wieder Dunkel, ungeheuer,
im leeren Raum um Welt und Ich.

Hilde Domin

Linguistik — 1962

Du musst mit dem Obstbaum reden.

Erfinde eine neue Sprache,
die Kirschblütensprache,
Apfelblütenworte,
rosa und weiße Worte,
die der Wind
lautlos
davonträgt.

Vertraue dich dem Obstbaum an
Wenn dir ein Unrecht geschieht.

Lerne zu schweigen
in der rosa
und weißen Sprache

Eugen Gomringer

schweigen — 1969

schweigen schweigen schweigen
schweigen schweigen schweigen
schweigen   schweigen
schweigen schweigen schweigen
schweigen schweigen schweigen

Rose Ausländer

Sprache

1976

Halte mich in deinem Dienst
lebenslang
in dir will ich atmen

Ich dürste nach dir
trinke dich Wort für Wort
mein Quell

Dein zorniges Funkeln
Winterwort

Fliederfein
blühst du in mir
Frühlingswort

Ich folge dir
bis in den Schlaf
buchstabiere deine Träume

Wir verstehen uns aufs Wort
Wir lieben einander

Ernst Jandl

kaltes gedicht 1996

die schinke und das wurst
in kühlschrank drin
der schöne deutsche wort
in kühlschrank drin
das schönsten deutschen wort
die wört der deutschen schön das wurst die schinke plus
kühl wodka von die russ

Claes Oldenburg: 2 cheeseburger mit allem, 1962

Friedrich Hölderlin

Abendphantasie

1799

Vor seiner Hütte ruhig im Schatten sitzt
Der Pflüger, dem Genügsamen raucht sein Herd.
Gastfreundlich tönt dem Wanderer im
Friedlichen Dorfe die Abendglocke.

Wohl kehren itzt die Schiffer zum Hafen auch,
In fernen Städten, fröhlich verrauscht des Markts
Geschäft'ger Lärm; in stiller Laube
Glänzt das gesellige Mahl den Freunden.

Wohin denn ich? Es leben die Sterblichen
Von Lohn und Arbeit; wechselnd in Müh und Ruh
Ist alles freudig; warum schläft denn
Nimmer nur mir in der Brust der Stachel?

Am Abendhimmel blühet ein Frühling auf;
Unzählig blühn die Rosen und ruhig scheint
Die goldne Welt; o dorthin nimmt mich,
Purpurne Wolken! und möge droben

In Licht und Luft zerrinnen mir Lieb und Leid! –
Doch, wie verscheucht von törichter Bitte, flieht
Der Zauber; dunkel wird's und einsam
Unter dem Himmel, wie immer, bin ich –

Komm du nun, sanfter Schlummer! Zu viel begehrt
Das Herz; doch endlich, Jugend! verglühst du ja,
Du ruhelose, träumerische!
Friedlich und heiter ist dann das Alter.

Theodor Fontane

Auf dem Matthäikirchhof 1889

Matthäikirchhof **Friedhof in Berlin**
Offizieller **Person von öffentlichem Rang**

Alltags mit den Offiziellen
Weiß ich mich immer gut zu stellen,
Aber feiertags was Fremdes sie haben,
Besonders, wenn sie wen begraben,
Dann treten sie (drüber ist kaum zu streiten)
Mit einem Mal in die Feierlichkeiten.
Man ist nicht Null, nicht geradezu Luft,
Aber es gähnt doch eine Kluft;
Und das ist die Kunst, die Meisterschaft eben,
Dieser Kluft das rechte Maß zu geben.
Nicht zu breit und nicht zu schmal,
Sich flüchtig begegnen, ein-, zwei-, dreimal,
Und verbietet sich solch Vorüberschieben,
Dann ist der Gesprächsgang vorgeschrieben:
»Anheimelnder Kirchhof ... beinah ein Garten ...
Der Prediger lässt heut lange warten ...«
Oder: »Der Tote, hat er Erben?
Es ist erstaunlich, wie viele jetzt sterben.«

Hugo von Hofmannsthal

Frage

1890

Merkst du denn nicht, wie meine Lippen beben?
Kannst du nicht lesen diese bleichen Züge,
Nicht fühlen, dass mein Lächeln Qual und Lüge,
Wenn meine Blicke forschend dich umschweben?

Sehnst du dich nicht nach einem Hauch von Leben,
Nach einem heißen Arm, dich fortzutragen
Aus diesem Sumpf von öden, leeren Tagen,
Um den die bleichen, irren Lichter weben?

So las ich falsch in deinem Aug', dem tiefen?
Kein heimlich Sehnen sah ich heiß dort funkeln?
Es birgt zu deiner Seele keine Pforte

Dein feuchter Blick? Die Wünsche, die dort schliefen,
Wie stille Rosen in der Flut, der dunkeln,
Sind, wie dein Plaudern: seellos ... Worte, Worte?

Conrad Ferdinand Meyer

Zwei Segel um 1895

Zwei Segel erhellend
Die tiefblaue Bucht!
Zwei Segel sich schwellend
Zu ruhiger Flucht!

Wie eins in den Winden
Sich wölbt und bewegt,
Wird auch das Empfinden
Des andern erregt.

Begehrt eins zu hasten,
Das andre geht schnell,
Verlangt eins zu rasten,
Ruht auch sein Gesell.

Alfred Wolfenstein

Städter 1914

Dicht wie Löcher eines Siebes stehn
Fenster beieinander, drängend fassen
Häuser sich so dicht an, dass die Straßen
Grau geschwollen wie Gewürgte sehn.

Ineinander dicht hineingehakt
Sitzen in den Trams die zwei Fassaden
Leute, ihre nahen Blicke baden
Ineinander, ohne Scheu befragt

Tram Straßenbahn

Unsre Wände sind so dünn wie Haut,
Dass ein jeder teilnimmt, wenn ich weine,
Unser Flüstern, Denken … wird Gegröle ...

Und wie still in dick verschlossner Höhle
Ganz unangerührt und ungeschaut
Steht ein jeder fern und fühlt: alleine.

Franz Werfel

Der Mensch ist stumm ______________ 1930er Jahre

Ich habe dir den Abschiedskuss gegeben
Und klammre mich nervös an deine Hand.
Schon mahn ich dich, auf Dies und Jenes Acht zu geben.
Der Mensch ist stumm.

Will denn der Zug, der Zug nicht endlich pfeifen?
Mir ist, als dürfte ich dich nie mehr wiedersehn.
Ich rede runde Sätze, ohne zu begreifen ...
Der Mensch ist stumm.

Ich weiß, wenn ich dich nicht mehr hätte,
Das wär‘ der Tod, der Tod, der Tod!
Und dennoch möcht‘ ich fliehn. Gott, eine Zigarette!
Der Mensch ist stumm.

Dahin! Jetzt auf der Straße würgt mich Weinen.
Verwundert blicke ich mich um.
Denn auch das Weinen sagt nicht, was wir meinen.
Der Mensch ist stumm.

Bertolt Brecht

Rudern, Gespräche — 1953

Es ist Abend. Vorbei gleiten
Zwei Faltboote, darinnen
Zwei nackte junge Männer: Nebeneinander
rudernd
Sprechen sie. Sprechend
Rudern sie nebeneinander.

Paul Celan

Ein Blatt, baumlos — 1971

Ein Blatt, baumlos
für Bertolt Brecht:

Was sind das für Zeiten ...
→ S. 256

Was sind das für Zeiten,
wo ein Gespräch
beinah ein Verbrechen ist,
weil es so viel Gesagtes
mit einschließt?

Gino Chiellino

Verstummung 1984

für Celan

Meine Sprache
grenzt mich ab
ich habe sie aufgegeben

mit deiner
verfaulen mir
die Gefühle

Steffen Jacobs

Begegnung 1996

Zwischen uns ist was. Das bringts.
Zwei Körper aufs schärfste verzahnt.
Gleich als ich dich sah, habe ich es geahnt:
Zwischen uns ist was. Da wird noch was draus.

Zwischen uns war was. Das wars.
Wir haben uns kaum in die Augen geschaut.
Nur unter den Nägeln ein Abrieb von Haut,
Zwischen uns war was. Das war dann wohl nichts.

War da noch etwas? Ach was.
Wer redet mir ins Gewissen?
Ich weiß nichts von dir und will auch nichts wissen.
Da wär was gewesen? Das wüsst ich aber.

Gedichte über Gedichte

Gillian Furlong: Sonntagnachmittag in Newly, 1998

Friedrich von Hagedorn

An die Dichtkunst 1747

Gespielinn meiner Neben-Stunden,
Bey der ein Teil der Zeit verschwunden,
Die mir, nicht andern, zugehört:
O Dichtkunst, die das Leben lindert!
Wie manchen Gram hast Du vermindert,
Wie manche Fröhlichkeit vermehrt!

Die Kraft, der Helden Trefflichkeiten
Mit tapfern Worten auszubreiten,
Verdankt Homer und Maro dir.
Die Fähigkeit, von hohen Dingen
Den Ewigkeiten vorzusingen,
Verliehst du ihnen und nicht mir.

Die Lust, vom Wahn mich zu entfernen
Und deinem Flaccus abzulernen,
Wie man durch echten Witz gefällt;
Die Lust, den Alten nachzustreben,
Ist mir im Zorn von dir gegeben,
Wenn nicht mein Wunsch das Ziel erhält.

Zu eitel ist das Lob der Freunde:
Uns drohen in der Nachwelt Feinde,
Die finden unsre Grösse klein.
Den itzt an Liedern reichen Zeiten
Empfehl ich diese Kleinigkeiten:
Sie wollen nicht unsterblich sein.

Homer **griechischer Dichter (8. Jh. v. Chr.); Hauptwerke: »Illias« und »Odyssee«**
Maro **bekannt als Vergil (Publius Vergilius Maro, 70–19 v. Chr.), römischer Dichter**
Flaccus **bekannt als Horaz (Quintus Horatius Flaccus, 65–8 v. Chr.),**

Friedrich Schiller

An den Dichter — 1797

Lass die Sprache dir sein, was der Körper den Liebenden ist.
Er nur ist's, der die Wesen trennt und der die Wesen vereint.

Johann Wolfgang Goethe

Gedichte sind gemalte Fensterscheiben — um 1826

Gedichte sind gemalte Fensterscheiben!
Sieht man vom Markt in die Kirche hinein,
Da ist alles dunkel und düster;
Und so sieht's auch der Herr Philister.
Der mag denn wohl verdrießlich sein
Und lebenslang verdrießlich bleiben.

Kommt aber nur einmal herein!
Begrüßt die heilige Kapelle;
Da ist's auf einmal farbig helle,
Geschicht und Zierat glänzt in Schnelle,
Bedeutend wirkt ein edler Schein;
Dies wird euch Kindern Gottes taugen,
Erbaut euch und ergetzt die Augen!

Philister **engstirniger Mensch**

ergetzt **sich erfreuen**

Heinrich Heine

Wahrhaftig 1827

Wenn der Frühling kommt mit dem Sonnenschein,
Dann knospen und blühen die Blümlein auf;
Wenn der Mond beginnt seinen Strahlenlauf,
Dann schwimmen die Sternlein hintendrein;
Wenn der Sänger zwei süße Äuglein sieht,
Dann quellen ihm Lieder aus tiefem Gemüt; –
Doch Lieder und Sterne und Blümelein,
Und Äuglein und Mondglanz und Sonnenschein,
Wie sehr das Zeug auch gefällt,
So macht's doch noch lang keine Welt.

Detlev von Liliencron

Dichterzunft 1889

Zunft Zusammenschluss von dasselbe Gewerbe treibenden Personen

Kätnersmann Bewohner einer Kate

deucht dünkt

Es dampft die Zeit aus tausend Schloten,
Fort mit dem alten Plunderkram.
Schürzt endlich einmal andre Knoten,
Als Tränenguß und Liebesgram!
Die Schwielenfaust, Arbeit und Pflichten,
Der Zimmerplatz, das Hammerwerk,
Die ganze Welt steht in Gedichten,
Habt nur ein richtig Augenmerk!

Den schweren Druck der Zeit zu mindern,
Vom Kaiser bis zum Kätnersmann
Strebt jeder liebevoll zu lindern,
Zu helfen, wo er helfen kann.
Und Ihr, mit Eurem Sinnen-Minnen,
Mit Eurem ewigen Schmerz und Herz,
Mit Eurem ewigen Seidespinnen,
Ihr klimpert weiter Herz und Schmerz?

Unmännlich deucht mir Euer Flennen,
Die Tuterei, die Tuerei.
Ein Lied soll in die Seele brennen,
Dann sticht es ab im Einerlei.
Wir wollen nicht mehr Eure Lügen,
Ihr stellt das Leben falsch uns vor,
Wir lassen uns nicht mehr betrügen, –
Ein wahres Lied, das reißt empor!

Es bleiben Schiller uns und Goethe,
Sie sind uns heilig immerdar,
Doch über uns brennt andere Röte,
Sie scheiteln sich nicht mehr das Haar
Wir leben! Andere Gestaltung
Gibt unserm Tag auch andern Ton,
Und jede Stunde der Entfaltung
Zeigt neue Wunder der Nation.

Bald bricht zusammen das Jahrhundert
Und schickt den letzten Atem aus,
Das nächste fragt sich höchst verwundert,
Zerpflückt es unsern Dichterstrauß:
Sang keiner auf den Telegrafen,
Auf Eisenbahn und Telefon?
Die Alten haben wohl geschlafen, –
Wir singen auf den Luftballon!

Die Welt ist keine Nachtviole,
Sie hockt nicht auf der Ofenbank,
Fort mit der Limonadenbowle,
Er macht uns krank, der süße Trank.
Deutschland verlangt in unsern Tagen
Der Poesie auch frischen Stern;
Der alte Rock ist abgetragen,
Der neue sitzt uns hochmodern.

Nachtviole
Nachtveilchen

Ernst Stadler

Form ist Wollust 1914

Form und Riegel mussten erst zerspringen,
Welt durch aufgeschlossne Röhren dringen:
Form ist Wollust, Friede, himmlisches Genügen,
Doch mich reißt es, Ackerschollen umzupflügen.
Form will mich verschnüren und verengen,
Doch ich will mein Sein in alle Weiten drängen –
Form ist klare Härte ohn' Erbarmen,
Doch mich treibt es zu den Dumpfen, zu den Armen,
Und in grenzenlosem Michverschenken
Will mich Leben mit Erfüllung tränken.

Max Herrmann-Neiße

Ein deutscher Dichter bin ich einst gewesen _ 1934

Ein deutscher Dichter bin ich einst gewesen,
die Heimat klang in meiner Melodie,
ihr Leben war in meinem Lied zu lesen,
das mit ihr welkte und mit ihr gedieh.
Die Heimat hat mir Treue nicht gehalten,
sie gab sich ganz den bösen Trieben hin,
so kann ich nur ihr Traumbild noch gestalten,
der ich ihr trotzdem treu geblieben bin.
In ferner Fremde mal ich ihre Züge
zärtlich gedenkend mir mit Worten nah,
die Abendgiebel und die Schwalbenflüge
und alles Glück, das einst mir dort geschah.
Doch hier wird niemand meine Verse lesen,
ist nichts, was meiner Seele Sprache spricht;
ein deutscher Dichter bin ich einst gewesen,
jetzt ist mein Leben Spuk wie mein Gedicht.

Günter Eich

Inventur — 1948

Inventur Bestandsaufnahme

Weißblech Stahlblech

Dies ist meine Mütze,
dies ist mein Mantel,
hier mein Rasierzeug
im Beutel aus Leinen.

Konservenbüchse:
Mein Teller, mein Becher,
ich hab in das Weißblech
den Namen geritzt.

Geritzt hier mit diesem
kostbaren Nagel,
den vor begehrlichen
Augen ich berge.

Im Brotbeutel sind
ein Paar wollene Socken
und einiges, was ich
niemand verrate,

so dient er als Kissen
nachts meinem Kopf.
Die Pappe hier liegt
zwischen mir und der Erde.

Die Bleichstiftmine
lieb ich am meisten:
Tags schreibt sie mir Verse,
die nachts ich erdacht.

Dies ist mein Notizbuch,
dies meine Zeltbahn,
dies ist mein Handtuch,
dies ist mein Zwirn.

Bertolt Brecht

Auf einen chinesischen Teewurzellöwen — 1951

Teewurzellöwe Figur aus den Wurzeln des Teestrauchs, im alten China ein Glücksbringer; von Brecht im amerikanischen Exil erworben

Die Schlechten fürchten deine Klaue.
Die Guten freuen sich deiner Grazie.
Derlei
Hörte ich gern
Von meinem Vers.

Gottfried Benn

Gedicht 1955

Und was bedeuten diese Zwänge,
Halb Bild, halb Wort und halb Kalkül,
Was ist in dir, woher die Dränge
Aus stillem trauernden Gefühl?

Es strömt dir aus dem Nichts zusammen,
Aus einzelnem, aus Potpourri,
Dort nimmst Du Asche, dort die Flammen,
Du streust und löschst und hütest sie.

Du weißt, du kannst nicht alles fassen,
Umgrenze es, den grünen Zaun
Um dies und das, du bleibst gelassen,
Doch auch gebannt in Mißvertraun.

So Tag und Nacht bist du am Zuge,
Auch sonntags meißelst du dich ein
Und klopfst das Silber in die Fuge
Dann läßt du es – es ist: das Sein.

Originale Rechtschreibung

Kalkül **Berechnung**

Ingeborg Bachmann

Keine Delikatessen 1963

Nichts mehr gefällt mir.

Soll ich
eine Metapher ausstaffieren
mit einer Mandelblüte?
Die Syntax kreuzigen
auf einen Lichteffekt?
Wer wird sich den Schädel zerbrechen
über so überflüssige Dinge –

Ich habe ein Einsehen gelernt
mit den Worten,
die da sind
(für die unterste Klasse)

Hunger
          Schande
                    Tränen
und
                              Finsternis

Mit dem ungereinigten Schluchzen,
mit der Verzweiflung
(und ich verzweifle noch vor Verzweiflung)
über das viele Elend,
den Krankenstand, die Lebenskosten,
werde ich auskommen.

Ich vernachlässige nicht die Schrift,
sondern mich.
Die anderen wissen sich
weißgott
mit den Worten zu helfen.
Ich bin nicht mein Assistent.

Soll ich
einen Gedanken gefangennehmen,
abführen in eine erleuchtete Satzzelle?
Aug und Ohr verköstigen
mit Worthappen erster Güte?
erforschen die Libido eines Vokals,
ermitteln die Liebhaberwerte unserer Konsonanten?

Libido
Lust

Muss ich
mit dem verhagelten Kopf,
mit dem Schreibkrampf in dieser Hand,
unter dreihundertnächtigem Druck
einreißen das Papier,
wegfegen die angezettelten Wortopern,
vernichtend so: ich du und er sie es

wir ihr?

(Soll doch. Sollen die andern.)

Mein Teil, es soll verloren gehen.

Paul Celan

Weggebeizt 1967

Weggebeizt vom
Strahlenwind deiner Sprache
das bunte Gerede des An-
erlebten – das hundert-
züngige Mein-
gedicht, das Genicht.

Aus-
gewirbelt,
frei
der Weg durch den menschen-
gestaltigen Schnee,
den Büßerschnee, zu
den gastlichen
Gletscherstuben und -tischen.

Tief
in der Zeitenschrunde,
beim
Wabeneis
wartet, ein Atemkristall,
dein unumstößliches
Zeugnis.

Robert Gernhardt

Materialien zu einer Kritik der bekanntesten Gedichtform italienischen Ursprungs ________ 1981

Sonette find ich so was von beschissen,
so eng, rigide, irgendwie nicht gut;
es macht mich ehrlich richtig krank zu wissen,
dass wer Sonette schreibt. Dass wer den Mut

hat, heute noch so' n dumpfen Scheiß zu bauen;
allein der Fakt, dass so ein Typ das tut,
kann mir in echt den ganzen Tag versauen.
Ich hab da eine Sperre. Und die Wut

darüber, dass so' n abgefuckter Knacker
Mich mittels seiner Wichsereien blockiert,
schafft in mir Aggressionen auf den Macker.

Ich tick nicht, was das Arschloch motiviert.
Ich tick es echt nicht. Und will' s nicht wissen:
Ich find Sonette unheimlich beschissen.

Ulla Hahn

Ars poetica
Dichtkunst

Ars poetica 1981

Danke ich brauche keine neuen
Formen ich stehe auf
festen Versfüßen und alten
Normen Reimen zu Hand

zu Papier und zu euren
Ohren bring ich was klingen soll
klingt mir das Lied aus den
Poren rinnen die Zeilen voll

und über und drüber und drunter
und drauf und dran und wohlan,
und das hat mit ihrem Singen
die Loreley getan.

Ernst Jandl

erstes sonett 1989

am reim erkennt man oft die zeile
auch an der wörter gleichen eile
am silbenschlag, der wie der takt
des drummers jene dichter packt
die nie beim jazz in ruhe bleiben
sondem es mit den beinen treiben
den füßen, die den boden schlagen
als könnten sie es nicht ertragen
bass, drums, trompeten, saxophonen
ohne bewegung beizuwohnen.

wir sind vom selben holz gemacht
ihr schlagt und heult, und in uns kracht
ohrenbetäubend tag und nacht
donner der sprache, heult und lacht.

Thomas Kling

Gewebeprobe 1994

der bach der stürzt
ist nicht ein spruchband
textband weißn rau-
schnnz;
                schrift schon;
der sichtliche bach di
textader, einstweilen
ein nicht drossel-, nicht
abstellbares textadersystem,
in rufweite; in auflösnder
naheinstellun'.
                bruchstücke,
ständig überspült; über-
löschte blöcke, weiße schrift-
blöcke und glitschige, teils,
begreifbare anordnungen: ein un-
unterbrochn ununterbrochenes.
am bergstrich krakelige unruhe
und felsskalpell. schäumendes
ausschabn.
                bezifferbarer bach,
der bach der stürzt: guss,
megagerinnsel, hirnstrom.

Albert Ostermaier

Ratschlag für einen jungen Dichter ________ 1995

als dichter musst du wissen wie
man leute killt köpfe zwischen
zeilen klemmt sie plätten satz für
satz das ist das blei das du hast
ein gutes gedicht braucht heut
zutage einfach einen mord damit
die quote stimmt sie nicht zum
pinkeln gehen wenn du um ihre
herzen wirbst musst du sie brechen

Peter Rühmkorf

Geschlossene Anstalt ________ 2008

Also – gut, du willst den Dichter geben.
Praktisch von den eigenen Seufzern leben,
dem Gefühl, dass du nicht hergehörst:
Sitzenbleiber oder Eckensteher:
Mitempfindende. Ich bitte euch, rückt näher,
ladies first –

Ungesegnet in die Zeit hinein zu handeln,
Wörter, die sich noch im Mund verwandeln,
bis sich alles schließlich widerspricht –
Keine Schwerter schmieden,
keine Körner mahlen –
Heavens, wer gewinnt die nächsten Wahlen?
Nichts von alledem – bis dass die Muse spricht:
Feierabend!
Das Gedicht ist dicht.

Materialien

M Einführung in die Lyrik

Was ist Lyrik

Peter Bekes

Was ist ein lyrischer Text? 2012

Ein *Gedicht*
– ist häufig ein kurzer Verstext mit gebrochenen Zeilen,
– ist durch Prägnanz und Konzentration bestimmt,
– weicht in seiner sprachlichen Gestaltung von der Alltagssprache durch die Verwendung von Reim, Rhythmus, Metrum, Umstellungen ab.

Nach gegenwärtiger Auffassung bezeichnet Lyrik in Abgrenzung von *Epik* und *Dramatik* eine poetische Gattung. Gedichte werden als Texte verstanden, die zu dieser Gattung gehören. Das war nicht immer so. Gotthold Ephraim Lessing, der bedeutendste Dichter der deutschen Aufklärung im 18. Jahrhundert, nannte sein berühmtes Theaterstück »Nathan der Weise« im Untertitel ein »dramatisches Gedicht«, womit er nur zum Ausdruck bringen wollte, dass es sich um ein Drama in Versform, nämlich in Blankversen, handelt. Zudem sind seit der Antike Lehrgedichte bekannt, die zwar in Versen verfasst wurden, aber expositorischen, d. h. einführenden Charakter haben, d. h. auf die Darstellung von Wissen und Sachverhalten zielen.

Und auch das, was mit den Begriffen »lyrisch« und »Lyrik« gemeint ist, wurde in den vergangenen Jahrhunderten nicht immer eindeutig und präzise definiert. Um nur zwei wirkungsmächtige Auffassungen anzuführen: Sehen die einen den engen Zusammenhang zwischen der Lyrik und dem Lied, betonen also die Musikalität des Gedichtes, so betrachten die anderen sie als Gattung, in der ein Ich sich in subjektiver Weise ausspricht. Beide Bestimmungen sind zu einseitig und werden vor allem den vielfältigen Formen moderner Lyrik nicht gerecht.

Ein Großteil der Gedichte, etwa das Epigramm und die Ballade, ist nicht lyrisch im Sinne einer Lyrik, die Spontaneität und Emotionalität zu ihren zentralen Ausdrucksformen zählt.

Was Lyrik und Gedichte sind, welche spezifischen poetischen Möglichkeiten sie jeweils entfalten können, zu welchen Spielarten sie führen, das erfahren wir weniger aus der Dichtungslehre, der Poetik, als vielmehr aus ihrer Geschichte. Trotzdem soll hier in *formaler* Hinsicht eine Minimaldefinition des Gedichts versucht werden. Demnach versteht man heute unter einem Gedicht einen kurzen Verstext mit gebrochenen Zeilen, deren Grenzen durch Pausensignale markiert sind. Das Gedicht erzeugt Bedeutungen und Wirkungen durch die Wiederholung von Lauten, durch den Wechsel von betonten und unbetonten Silben, die wiederum durch Satz- und Sinnbetonungen so überlagert werden, dass bestimmte Rhythmen entstehen. Symbolische Transparenz gewinnt es häufig durch die Verwendung bildlicher Rede.

Poetik
ist die Lehre von der Dichtkunst, von ihrem Wesen, ihren Formen, ihren Gestaltungsweisen, ihren Funktionen, Zwecken und Wirkungen. Wenn sie Regeln und Anweisungen zum Dichten vorgibt, ist sie *normativ*; wenn sie sich stärker an der literarischen Praxis der Autorinnen und Autoren orientiert und diese zu erfassen versucht, bezeichnet man sie als *deskriptiv*.

Vielfältig sind die *Realisierungsformen* der Lyrik. Gedichte können gelesen, gesungen und in mannigfaltigen medialen Formen vorgetragen werden, sie können gereimt oder ungereimt, liedhaft und reflektierend sein.

Wichtigster Quellenbereich für die sich mit der Literatur des 17. und vor allem des 18. Jahrhunderts entwickelnde Formenvielfalt an Gedichten ist neben der antiken Literatur (Ode, Elegie, Epigramm) die Volkspoesie, ihr schier unerschöpflicher Fundus an Liedern, Balladen und Sprüchen. Geht man von den überlieferten Zeugnissen der germanischen Frühzeit aus, so erkennt man, dass neben den Sprüchen besonders den Liedern eine überragende Bedeutung zukommt.

Die Wiedergeburt dieser Volkspoesie ist mit dem Namen Johann Gottfried Herder (1744–1803) verbunden. Er glaubte in ihren mannigfaltigen Formen den Grund aller Poesie gefunden zu haben, das Einfache und Echte, ihre wahre menschliche Natur, der sich, so meinte er, die bürgerlich-absolutistische Gesellschaft entfremdet habe. Deshalb rief er dazu auf, sich der poetischen Tradition des Volkes durch Neubesinnung und Sammlung zu vergewissern. Vor allem die Lieder des Volkes sollten nach seiner Meinung »auf Straßen und Gassen und Fischmärkten, im ungelehrten Rundgesange des Landvolks« unverfälscht aufgeschrieben werden, »wo möglich mit Gesangweise und alles, was zum Leben des Volks gehört«.

Aus dem romanischen Literatur- und Kulturkreis hat es in der deutschen Literaturgeschichte nur das Sonett zu großem Einfluss gebracht. Ein spezifisch deutscher Beitrag zur abendländischen Lyrikgeschichte ist indes die Entwicklung und Gestaltung freirhythmischer Gedichte. Sie lösen sich vom alternierenden Versprinzip, gestalten die Abfolge von Hebungen und Senkungen variabel und verzichten auf ein festes Strophen- und Reimgefüge (Hymne).

Alle diese Gedichtformen treten nicht isoliert auf, sondern unterliegen mannigfaltigen Wechselwirkungen, bilden Oppositionen und können besondere literarische Legierungen (Verschmelzungen) eingehen, zu neuen poetischen Synthesen führen. Entscheidend bleibt, dass sie literarische Erfahrungsmodelle darstellen, mit denen die Dichterinnen und Dichter auf bestimmte poetische Konventionen und Herausforderungen ihrer Zeit reagieren.

Johann Wolfgang von Goethe

Naturformen der Dichtung ______ 1819

M

Es gibt nur drei echte Naturformen der Poesie: die klar erzählende, die enthusiastisch aufgeregte und die persönlich handelnde: *Epos, Lyrik und Drama*. Diese drei Dichtweisen können zusammen oder abgesondert wirken. In dem kleinsten Gedicht findet man sie oft beisammen, und sie bringen eben durch diese Vereinigung im engsten Raume das herrlichste Gebilde hervor, wie wir an den schätzenswertesten Balladen aller Völker deutlich gewahr werden. Im älteren griechischen Trauerspiel sehen wir sie gleichfalls alle drei verbunden, und erst in einer gewissen Zeitfolge sondern sie sich. Solange der Chor die Hauptperson spielt, zeigt sich Lyrik obenan; wie der Chor mehr Zuschauer wird, treten die anderen hervor, und zuletzt, wo sich die Handlung persönlich und häuslich zusammenzieht, findet man den Chor unbequem und lästig. Im französischen Trauerspiel ist die Exposition episch, die Mitte dramatisch, und den fünften Akt, der leidenschaftlich und enthusiastisch ausläuft, kann man lyrisch nennen.

Das Homerische ist rein episch; der Rhapsode waltet immer vor, was sich ereignet erzählt er; niemand darf den Mund auftun, dem er nicht vorher das Wort verliehen, dessen Rede und Antwort er nicht angekündigt. Abgebrochene Wechselreden, die schönste Zierde des Dramas, sind nicht zulässig.

Homerische bezieht sich auf Homers Werke »Ilias« und »Odyssee«

Rhapsode Bänkelsänger

Höre man aber nun den modernen Improvisator auf öffentlichem Markte, der einen geschichtlichen Gegenstand behandelt; er wird, um deutlich zu sein, erst erzählen, dann, um Interesse zu erregen, als handelnde Person sprechen, zuletzt enthusiastisch auflodern und die Gemüter hinreißen. So wunderlich sind diese Elemente zu verschlingen, die Dichtarten bis ins Unendliche mannigfaltig, und deshalb auch so schwer eine Ordnung zu finden, wonach man sie neben- oder nacheinander aufstellen könnte. Man wird sich aber einigermaßen dadurch helfen, dass man die drei Hauptelemente in einem Kreis gegeneinander überstellt und sich Musterstücke sucht, wo jedes Element einzeln obwaltet. Alsdann sammle man Beispiele, die sich nach der einen oder anderen Seite hinneigen, bis endlich die Vereinigung von allen dreien erscheint und somit der ganze Kreis in sich geschlossen ist.

Johannes Anderegg

Das Gedicht und sein Nicht-mehr 1985

Dass der Begriff des Gedichts ein problematischer Begriff ist – wer wüsste es nicht? Aber wer hätte je solcher Einsicht wegen auf den Gebrauch dieses Begriffs, auf das Reden vom Gedicht verzichtet? Dass sich die Frage, was ein Gedicht sei, nicht oder nicht befriedigend beantworten lässt - wer wollte dem widersprechen? Aber wer wollte deswegen auch darauf verzichten, sich und anderen eben diese Frage zu stellen?

Fragen, die sich auch nach längerer Zeit und erheblichem Bemühen nicht befriedigend beantworten lassen, werden nicht selten als unzweckmäßig, als falsch gestellt oder gar als unsinnig abqualifiziert. Wenn dessen ungeachtet die Frage nach dem Gedicht immer wieder gestellt und immer wieder ernst genommen wird, obwohl das Fragen zu keinem Ende führt, so zeugt eben dies – vom Gedicht. Das Gedicht erzeugt oder provoziert selbst die Frage, was es sei, und seiner Eigenart ist es zuzuschreiben. dass wir uns bei keiner Antwort beruhigen mögen. *In unserem beständigen Bedürfnis, nach ihm zu fragen, in der Vielzahl unserer Antworten und im Verwerfen dieser Antworten gibt das Gedicht sich kund.*

Wenn aber das wiederholte Fragen nach dem Gedicht als Zeugnis und Erzeugnis des Gedichts zum Gedicht gehört, so heißt das, dass das Gedicht wesentlich rätselhaft ist. Es sagt nicht selbst und schon gar nicht ein für alle Mal, was es ist, und es drängt uns, nach ihm zu fragen, weil sein Wesen nicht augenfällig ist, weil es nicht ist und vor allem weil es nicht bleibt, was es zu sein scheint. Das Lob einer Freundschaft, der Preis eines Fürsten, die Ehrung eines Dichters – als Gedicht sind sie offenbar nicht oder nicht nur, was sie zu sein vorgeben, denn was gingen sie mich an, wenn sie wären, was sie zu sein behaupten? Das intime, verschlüsselte Wort des Geliebten an die Geliebte kann, insofern es Gedicht ist, nicht sein, was es zu sein scheint, denn es spricht mich, den außen stehenden Dritten, an, und indem ich mich ansprechen lasse, mache ich mich keiner Indiskretion schuldig. Wenn ich ein Gebet als Gedicht begreife, so ist es mir nicht mehr Gebet: Als Gedicht kann es mich auch dann treffen, wenn mich das Gebet nicht berührt. Eine unverwechselbar persönliche Klage bliebe mir, bei allem Verständnis für das Leiden anderer, fern, wenn sie nichts anderes wäre als eben persönliche Klage; als Gedicht aber geht sie mir nahe, ist sie mir mehr und anderes als persönliche Klage.

Vom Gedicht erwarte ich, dass es mich angeht. Was mir Gedicht ist, beziehe ich auf mich. Genauer: das Gedicht ist nicht, sondern es wird – dadurch, dass ich es mir zum Gedicht mache, dass ich es auf mich beziehe. Erst dann ist das Gedicht ein Gedicht, wenn ich etwas aus ihm mache, wenn ich mir etwas aus ihm mache, und als Gedicht ist es das, was ich mir aus ihm mache: *Das Gedicht ist auf Verwandlung, auf Anverwandlung angelegt.*

Wer ein Gedicht schreibt, wer Geschriebenes als Gedicht kennzeichnet, gibt es zur Verwandlung frei. Wer Geschriebenes oder Gehörtes als Gedicht begreift, begreift es als etwas, das er verwandeln darf und verwandeln muss. Der Begriff der Verwandlung, bisher nur dann gebraucht, wenn das Bilden symbolischer Zeichenhaftigkeit gemeint war, ist im hier gegebenen Zusammenhang wohl begründet. Was ich als Gedicht verstehe, wird mir etwas anderes, als es zu sein scheint, weil und soweit es mir zeichenhaft wird: Ich mache es mir zum Medium des Begreifens.

Freilich geht die Verwandlung beim Gedicht grundsätzlich weiter als beim oben erörterten medialen Sprachgebrauch, und dadurch wird das Gedicht erst zum Gedicht: Bei der dem Gedicht wesentlichen Verwandlung geht es nicht darum, innerhalb einer Äußerung die Sprache zum Medium zu machen, innerhalb einer Äußerung symbolische Zeichenhaftigkeit zu erkennen und zu erproben; vielmehr wird die Äußerung als solche und als ganze, wird der *Sprechakt selbst* verwandelt – die Klage ist nicht mehr die Klage, das Bekenntnis nicht mehr Bekenntnis, die Aufforderung nicht mehr Aufforderung –, nicht etwa plötzlich oder sprunghaft, sondern in einem komplexen Prozess wechselseitigen Bezugnehmens, der aus der Zeichenhaftigkeit von Einzelnem die Zeichenhaftigkeit des Ganzen entstehen lässt. Dergestalt *ein zur Verwandlung freigegebener Sprechakt,* ist das Gedicht immer mehr und anderes als es – vor der Verwandlung – zu sein scheint. Nicht festschreiben lässt sich, was es sein soll, weil es nur in der Verwandlung zum Gedicht wird.

Gottfried Benn

Probleme der Lyrik 1951

Meine Damen und Herren,
wenn Sie am Sonntagmorgen Ihre Zeitung aufschlagen, und manchmal sogar auch mitten in der Woche, finden Sie in einer Beilage meistens rechts oben oder links unten etwas, das durch gesperrten Druck und besondere Umrahmung auffällt, es ist ein Gedicht. Es ist meistens kein langes Gedicht, und sein Thema nimmt die Fragen der Jahreszeit auf, im Herbst werden die Novembernebel in die Verse verwoben, im Frühling die Krokusse als Bringer des Lichts begrüßt, im Sommer die mohndurchschossene Wiese im Nacken besungen, zur Zeit der kirchlichen Feste werden Motive des Ritus und der Legenden in Reime gebracht – kurz, bei der Regelmäßigkeit, mit der sich dieser Vorgang abspielt, jahraus, jahrein, wöchentlich erwartbar und pünktlich, muß man annehmen, daß zu jeder Zeit eine ganze Reihe von Menschen in unserem Vaterland dasitzen und Gedichte machen, die sie an die Zeitungen schicken, und die Zeitungen scheinen überzeugt zu sein, daß das Lesepublikum diese Gedichte wünscht, sonst würden die Blätter den Raum anders verwenden. Die Namen dieser Gedichthersteller sind meistens keine sehr bekannten Namen, sie verschwinden dann wieder aus den Feuilletons, und es wird so sein, wie mir Professor Ernst Robert Curtius, mit dem ich in freundschaftlichem Briefwechsel stehe, schrieb, als ich ihm einen seiner Studenten als recht begabt empfahl. Er schrieb: »Ach, diese jungen Leute, sie sind wie die Vögel, im Frühling singen sie, und im Sommer sind sie dann schon wieder still.«

Mit diesen Gedichten der Gelegenheit und der Jahreszeiten wollen wir uns nicht befassen, obschon es durchaus möglich ist, dass sich gelegentlich ein hübsches Poem darunter befindet. Aber ich gehe hiervon aus, weil dieser Vorgang einen kollektiven Hintergrund hat, die Öffentlichkeit lebt nämlich vielfach der Meinung: da ist eine Heidelandschaft oder ein Sonnenuntergang, und da steht ein junger Mann oder ein Fräulein hat eine melancholische Stimmung, und nun entsteht ein Gedicht. Nein, so entsteht kein Gedicht. Ein Gedicht entsteht überhaupt sehr selten – ein Gedicht wird gemacht. Wenn Sie vom Gereimten das Stimmungsmäßige abziehen, was dann übrig bleibt, wenn dann noch etwas übrigbleibt, das ist dann vielleicht ein Gedicht.

Das soll heißen, auf der einen Seite steht das Emotionelle, das Stimmungsmäßige, das Thematisch-Melodiöse, und auf der anderen Seite steht das Kunstprodukt. Das neue Gedicht, die Lyrik, ist ein Kunstprodukt. Damit verbindet sich die Vorstellung von Bewusstheit, kritischer Kontrolle, und, um gleich einen gefährlichen Ausdruck zu gebrauchen, auf den ich noch zurückkomme, die Vorstellung von »Artistik«. Bei der Herstellung eines Gedichtes beobachtet man nicht nur das Gedicht, sondern auch sich selber. Die Herstellung des Gedichtes selbst ist ein Thema. […]

Als nächstes möchte ich Ihnen einen Vorgang etwas direkter schildern, als es im Allgemeinen geschieht. Es ist der Vorgang beim Entstehen eines Gedichts. Was liegt im Autor vor? Welche Lage ist vorhanden? Die Lage ist folgende: Der Autor besitzt:

Erstens einen dumpfen schöpferischen Keim, eine psychische Materie.

Zweitens Worte, die in seiner Hand liegen, zu seiner Verfügung stehen, mit denen er umgehen kann, die er bewegen kann, er kennt sozusagen seine Worte. Es gibt nämlich etwas,

was man die Zuordnung der Worte zu einem Autor nennen kann. Vielleicht ist er auch an diesem Tag auf ein bestimmtes Wort gestoßen, das ihn beschäftigt, erregt, das er leitmotivisch glaubt verwenden zu können.

Drittens besitzt er einen Ariadnefaden, der ihn aus dieser bipolaren Spannung herausführt, mit absoluter Sicherheit herausführt, denn – und nun kommt das Rätselhafte: das Gedicht ist schon fertig, ehe es begonnen hat, er weiß nur seinen Text noch nicht. Das Gedicht kann gar nicht anders lauten, als es eben lautet, wenn es fertig ist. Sie wissen ganz genau, wann es fertig ist, das kann natürlich lange dauern, wochenlang, jahrelang, aber bevor es nicht fertig ist, geben Sie es nicht aus der Hand. Immer wieder fühlen Sie an ihm herum, am einzelnen Wort, am einzelnen Vers, Sie nehmen die zweite Strophe gesondert heraus, betrachten sie, bei der dritten Strophe fragen Sie sich, ob sie das missing link zwischen der zweiten und vierten Strophe ist, und so werden Sie bei aller Kontrolle, bei aller Selbstbeobachtung, bei aller Kritik, die ganzen Strophen hindurch innerlich geführt – ein Schulfall jener Freiheit am Bande der Notwendigkeit, von der Schiller spricht.

missing link
fehlendes Glied

Sie können auch sagen, ein Gedicht ist wie das Schiff der Phäaken, von dem Homer erzählt, dass es ohne Steuermann geradeaus in den Hafen fährt. Dieser Sachverhalt ist so merkwürdig, daß ich ihn nochmal anders ausdrücken möchte. Irgendetwas in Ihnen schleudert ein paar Verse heraus oder tastet sich mit ein paar Versen hervor, irgendetwas anderes in Ihnen nimmt diese Verse sofort in die Hand, legt sie in eine Art Beobachtungsapparat, ein Mikroskop, prüft sie, färbt sie, sucht nach pathologischen Stellen. Ist das erste vielleicht naiv, ist das zweite ganz etwas anderes: raffiniert und skeptisch. Ist das erste vielleicht subjektiv, bringt das zweite die objektive Welt heran, es ist das formale, das geistige Prinzip.
Originale Rechtschreibung

pathologisch
krankhaft

M

Rolf Dieter Brinkmann

Vorwort zu dem Band »Die Piloten« 1968

Ich habe immer gern Gedichte geschrieben, wenn es auch lange gedauert hat, alle Vorurteile, was ein Gedicht darzustellen habe und wie es aussehen müsse, so ziemlich aus mir herauszuschreiben. Eine Menge Fehlversuche sind vorausgegangen, die so überflüssig waren, wenn ich heute an die Produkte der ausgebufften Kerle denke, die sich Lyriker nennen lassen. Da sitzen sie, irgendwo unsichtbar, und haben mal irgendwas von sich gegeben, jetzt halten sie die kulturellen Wörter besetzt, anstatt herumzugehen und sich vieles einmal anzusehen, lebende Tote, die natürlich schwerer zu beseitigen sind als die sogenannten großen, alten Vorbilder in den Regalen moderner Antiquariate. Welcome to the Rolling Stones! Die Texte der Fugs sind besser. Woran liegt das?

Ich bin keineswegs der gängigen Ansicht, dass das Gedicht heute nur noch ein Abfallprodukt sein kann, wenn es auch meiner Ansicht nach nur das an Material aufnehmen kann, was wirklich alltäglich abfällt. Ich denke, dass das Gedicht die geeignetste Form ist, spontan erfasste Vorgänge und Bewegungen, eine nur in einem Augenblick sich deutlich zeigende Empfindlichkeit konkret als snap-shot festzuhalten. Jeder kennt das, wenn zwischen Tür und Angel, wie man so sagt, das, was man in dem Augenblick zufällig vor sich hat, zu einem sehr präzisen, festen, zugleich aber auch sehr durchsichtigen Bild wird, hinter dem nichts steht als scheinbar isolierte Schnittpunkte. Da geht es nicht mehr um die Quadratur des Kreises, da geht es um das genaue Hinsehen, die richtige Einstellung zum Kaffeerest in der Tasse, während jemand reinkommt ins Zimmer und fragt, gehen wir heute Abend in die Spätvorstellung? Mir ist das Kaugummi ausgegangen. Eine Zeitung ist aufgeschlagen und man liest zufällig einen Satz, sieht dazu ein Bild und denkt, dass der Weltraum sich auch jetzt gerade wieder ausdehnt. Die milde Witterung lockt Go-go-Girls in den Kölner Rheinpark. Das alte Rückpro-Verfahren. Die Unterhaltung geht weiter. Ein Bild entsteht oder ein Vorgang, den es so nie gegeben hat, Stimmen, sehr direkt.

Man braucht nur skrupellos zu sein, das als Gedicht aufzuschreiben. Wenn es dieses Mal nicht klappt, wirft man den Zettel weg, beim nächsten Mal packt man es dann eben, etwas anderes. Sehen Sie hin, packen Sie das mal an, was fühlen Sie? Metall? Porzellan? Eine alte Kippe zwischen Zeigefinder und Mittelfinger! Und sonst geht es Ihnen gut? Man muss vergessen, dass es so etwas wie Kunst gibt! Und einfach anfangen.

Formale Probleme haben mich bisher nie so stark interessiert, wie das noch immer die Konvention ist. Sie können von mir aus auch ruhig weiterhin den berufsmäßigen Ästheten und Dichterprofis, die ruhig ihre persönlichen Skrupel angesichts der Materialfülle in feinziseliertem Hokuspokus sublimieren, als Beschäftigungsgegenstand bleiben. Die Toten bewundern die Toten! Gibt es etwas, das gespenstischer wäre als dieser deutsche Kulturbetrieb mit dem fortwährenden Ruf nach Stil etc.? Wo bleibt Ihr Stil, wo bleibt Ihr Stil? Haben Sie denn keine guten Manieren? Haben Sie nicht gelernt, mit Messer und Gabel zu essen, und falten Sie nie die Serviette auseinander? Warum sollte ich mich ausdrücklich um Stil kümmern, wenn sowieso alles um mich herum schon so stilvoll ist! Das wäre mir einfach zu langweilig. Wie sagte Warren Beatty zu den deutschen Kinobesitzern beim Start von Bonny und Clyde: »Bei der Schlussszene mit dem Maschinengewehr müsst ihr den Ton ganz aufdrehen!«

Häufig höre ich von Leuten, denen ich meine Sache zeige, dass dies nun eigentlich keine Gedichte mehr seien, und sie glauben, damit das entscheidende Urteil ausgesprochen zu haben. Sie sagen, das hier sie ja alles einfach, man könne es ja verstehen, und das wiederum macht ihnen meine Gedichte unverständlich. Diesen Vorgang finde ich witzig. Was soll man da machen? Das Klischee, die ganze abstrakte Vorstellung vom »eigentlichen« Gedicht noch einmal aufdecken? Es gibt kein anderes Material als das, was allen zugänglich ist und womit jeder alltäglich umgeht, was man aufnimmt, wenn man aus dem Fenster guckt, auf der Straße steht, an einem Schaufenster vorbeigeht, Knöpfe, Knöpfe, was man gebraucht, woran man denkt und sich erinnert, alles ganz gewöhnlich, Filmbilder, Reklamebilder, Sätze aus irgendeiner Lektüre oder aus zurückliegenden Gesprächen, Meinungen, Gefasel, Gefasel, Ketchup, eine Schlagermelodie, die bestimmte Eindrücke neu in einem entstehen lässt, z. B. wie jemand seinen Stock schwingt und dann zuschlägt, Zeilen, Bilder, Vorgänge, die dicke Suppe, die wem auf das Hemd tropft. Man schnieft sie durch die Nase hoch und spuckt sie dann wieder aus. Das alte Rezept und die neue Konzeption, bevor das Licht ausgeht, der Vorspann im Kino, hier bin ich. […]

Ingeborg Bachmann

Wozu Lyrik? 1955

Einem Dramatiker oder Erzähler wird die Frage, welche seiner Arbeiten ihm die liebste sei, nicht viel Unbehagen machen; es wird ihm hoffentlich einfallen, dass die eine oder die andere einigen Menschen Freude bereitet, Einsicht gebracht oder sie unterhalten hat – sei's auch nur ein paar Stunden lang. Ich habe noch nie gehört, dass jemand einem Gedicht einen fruchtbaren Nachmittag oder Abend verdankt, obwohl es zweifellos noch immer Liebhaber von Lyrik gibt und Leute, die sich dran zu erbauen vermögen. Dann gibt es noch die Kinder, die Gedichte auswendig lernen müssen, weil Gedichte – so heißt es – das Gedächtnis schärfen.

In einem Gedicht ist also wenig Glück. Für den, der es schreibt, nahezu keins, dass es gelingt, und dann nochmals keins, dass es jemand erreicht. Es ist einsam, hat keine Funktion und kümmert mit Recht niemand. Ein Gedicht verherrlicht heute ja nichts mehr, und auch die Gläubigen haben es längst außer Kraft gesetzt. Ruhm und Glaube fallen auf es selbst zurück.

Man hört heute so oft profaniert die Hölderlin'sche Frage: und wozu Dichter in dürftiger Zeit? Eine andere Frage, nicht weniger berechtigt, wäre: und wozu Gedichte? Was ist zu beweisen und wem ist etwas zu beweisen? Wenn Gedichte ein Beweis zu nichts sein sollten, müssten wir uns dran halten, dass sie das Gedächtnis schärfen.

Ich glaube, dass Gedichte dies vermögen und dass, wer Gedichte schreibt, Formeln in ein Gedächtnis legt, wunderbare alte Worte für einen Stein und ein Blatt, verbunden oder gesprengt durch neue Worte, neue Zeichen für Wirklichkeit, und ich glaube, dass wer die Formeln prägt, auch in sie entrückt mit seinem Atem, den er als unverlangten Beweis für die Wahrheit dieser Formeln gibt.

Wie lange ist es her, dass man uns sagte: bilde ein Wort, bilde einen Satz! Man quälte uns mit Gedichten; die Kerben schmerzen noch im Gedächtnis. Eines dieser Gedichte begann: »Ich stand an meines Landes Grenzen …«. Von welchem Ich war die Rede und von welchem Land? Was die Grenzen bedeuteten, ergab sich freilich aus dem Zusammenhang. Denn wer die Regeln gutheißt und in das Spiel eintritt, wirft den Ball nicht übers Spielfeld hinaus. Das Spielfeld ist die Sprache. und seine Grenzen sind die Grenzen der fraglos geschauten, der enthüllt und genau gedachten, der im Schmerz erfahrenen und im Glück gelobten und gerühmten Welt.

Hans Magnus Enzensberger

Scherenschleifer und Poeten ______________ 1955

»Mein Gedicht ist mein Messer« – aber es eignet sich nicht zum Kartoffelschälen. Wozu eignet es sich, wozu ist es zu gebrauchen? Diese Frage kann der Hersteller des Gedichts nur vorläufig beantworten, indem er nämlich dem Benutzer vorgreift, der in jedem Fall das letzte Wort hat. Wenn es nach mir ginge – und soweit es nach mir geht –, ist es die Aufgabe des Gedichts, Sachverhalte vorzuzeigen, die mit andern, bequemeren Mitteln nicht vorgezeigt werden können, zu deren Vorzeigung Bildschirme, Leitartikel, Industriemessen nicht genügen. Indem sie Sachverhalte vorzeigen, können Gedichte Sachverhalte ändern und neue hervorbringen. Gedichte sind also nicht Konsumgüter, sondern Produktionsmittel, mit deren Hilfe es dem Leser gelingen kann, Wahrheit zu produzieren. Da Gedichte endlich, beschränkt, kontingent sind, können mit ihrer Hilfe nur endliche, beschränkte, kontingente Wahrheiten produziert werden. Die Poesie ist daher ein Prozeß der Verständigung des Menschen mit und über ihn selbst, der nie zur Ruhe kommen kann.

kontingent zufällig; wirklich oder möglich, aber nicht notwendig

Es nützt nichts, einen Sachverhalt vorzuzeigen, wenn keiner zusieht. Wahrheit kann nur produziert werden, wo mehr als ein Mensch zugegen ist. Deswegen müssen Gedichte an jemand gerichtet, für jemand geschrieben sein. Mindestens müssen sie damit rechnen, andern vor Augen oder zu Ohren zu kommen. Es gibt kein Sprechen, das ein absolutes Sprechen wäre. So wie sich Messer von Hüten und Hüte von Körben unterscheiden, indem sie ihren Benutzern einmal das Zustechen, zum andern das Aufsetzen und Forttragen zumuten, so mutet jedes Gedicht seinem Leser ein anderes Lesen zu. Gedichte ohne Gestus gibt es nicht. Gedichte können Vorschläge unterbreiten, sie können aufwiegeln, analysieren, schimpfen, drohen, locken, warnen, schreien, verurteilen, verteidigen, anklagen, schmeicheln, fordern, wimmern, auslachen, verhöhnen, reizen, loben, erörtern, jubeln, fragen, verhören, anordnen, forschen, übertreiben, toben, kichern. Sie können jeden Gestus annehmen außer einem einzigen: dem, nichts und niemanden zu meinen, Sprache an sich und selig in sich selbst zu sein. Damit das, was vorgezeigt werden soll, beachtet wird, müssen Gedichte allerdings schön sein. Es muß ein Vergnügen sein, sie zu lesen. Weil die meisten Sachverhalte, die vorzuzeigen sind, schwieriger Natur sind, muß das Vergnügen, mit dem man Gedichte liest, in aller Regel ein schwieriges Vergnügen sein.

Originale Rechtschreibung

M

Arbeitsanregungen

1. Bevor Sie die poetologischen Texte (S. 184–199) lesen, sollten Sie folgende Fragen beantworten: Was ist ein Gedicht? Wie entsteht ein Gedicht? Welche Wirkungsabsichten verfolgt ein Autor mit seinen Gedichten? Welche Gedichte aus diesem Band entsprechen Ihren Vorstellungen, die Sie mit Lyrik verbinden? Welche nicht? Wählen Sie je zwei Beispiele aus. Erläutern Sie Ihre Auswahl.

2. Wie unterscheiden sich nach Goethes Auffassung die Gattungen voneinander? Versetzen Sie sich in die Rolle des Improvisators, der zu einem der Themenbereiche dieser Sammlung einen Vortrag hält, dabei episch beginnt, seine Rede dramatisch fortsetzt und lyrisch endet.

3. Was meint Johannes Anderegg damit, dass das »Gedicht auf Verwandlung, auf Anverwandlung angelegt« (S. 189) sei? Wodurch werden diese Prozesse ausgelöst?

4. Ein zentrales Axiom der poetologischen Erläuterungen von G. Benn lautet: »Ein Gedicht entsteht überhaupt sehr selten – ein Gedicht wird gemacht.« (S. 192). Erläutern Sie den Unterschied zwischen beiden Prozessen und wie Benn sich die Produktion von Gedichten vorstellt.

5. Vergleichen Sie die Überlegungen von Benn und Brinkmann zur Entstehung von Gedichten. Begründen Sie, welche der beiden Positionen Sie am meisten überzeugt.

6. Arbeiten Sie zentrale Thesen zur Wirkung von Lyrik von Hans Magnus Enzensberger (S. 198 f.) heraus. Konkretisieren Sie seine Überlegungen an einem seiner Gedichte.

Bertolt Brecht

Über das Zerpflücken von Gedichten 1930–40

Der Laie hat für gewöhnlich, sofern er ein Liebhaber von Gedichten ist, einen lebhaften Widerwillen gegen das, was man das Zerpflücken von Gedichten nennt, ein Heranführen kalter Logik, Herausreißen von Wörtern und Bildern aus diesen zarten blütenhaften Gebilden. Demgegenüber muss gesagt werden, daß nicht einmal Blumen verwelken, wenn man in sie hineinsticht. Gedichte sind, wenn sie überhaupt lebensfähig sind, ganz besonders lebensfähig und können die eingreifendsten Operationen überstehen. Ein schlechter Vers zerstört ein Gedicht noch keineswegs ganz und gar, so wie ein guter es noch nicht rettet. Das Herausspüren schlechter Verse ist die Kehrseite einer Fähigkeit, ohne die von wirklicher Genußfähigkeit an Gedichten überhaupt nicht gesprochen werden kann, nämlich der Fähigkeit gute Verse herauszuspüren.

Ein Gedicht verschlingt manchmal sehr wenig Arbeit und verträgt manchmal sehr viel. Der Laie vergißt, wenn er Gedichte für unnahbar hält, dass der Lyriker zwar mit ihm jene leichten Stimmungen, die er haben kann, teilen mag, daß […] aber ihre Formulierung in reinem Gedicht ein Arbeitsvorgang ist und das Gedicht eben etwas *zum Verweilen gebrachtes* Flüchtiges ist, also etwas verhältnismäßig Massives, Materielles. Wer das Gedicht für unnahbar hält, kommt ihm wirklich nicht nahe. In der Anwendung von Kriterien liegt ein Hauptteil des Genusses. Zerpflücke eine Rose und jedes Blatt ist schön.

Originale Rechtschreibung

M

Andreas Thalmayr

Gedichte lesen 1985

Die Lust, Gedichte zu lesen, ist uns einfach abhanden gekommen. Vielleicht sind die Dichter schuld? [...] oder liegt es an uns? Warum kommt es uns manchmal so vor, als haftete der ganzen Sache, der Lyrik, etwas Trüber, Zähes, Dumpfes, Muffiges an? Aber war da nicht irgendwann, irgendwo was Anderes? Ein Lufthauch? Eine Verführung? Ein Versprechen? Ein freies Feld? Ein Spiel? ...

Die einzig richtige Art, ein Gedicht zu lesen, gibt es nicht. Sie ist nur ein pädagogisches Phantom. So viele Köpfe, so viele Lesarten, eine richtiger als die andere. Damit soll nichts gegen die Arbeit der Philologen gesagt sein und gegen die zuverlässigen, die kritischen, die »gesicherten« Texte, die sie verspricht; ganz im Gegenteil. Aber ihre Treue ist nur eine unter den vielen Möglichkeiten, die wir haben, einen Autor beim Wort zu nehmen. Man kann ihn nacherzählen oder rückwärts lesen, oder verspotten, oder bestehlen, oder weiterdichten, oder übersetzen ... Lesen heißt auch immer: zerstören – wer das nicht glauben will, möge die Gehirnforscher fragen –; zerstören und wieder zusammensetzen. Dabei entsteht allemal etwas Neues. Ein Klassiker ist ein Autor, der das nicht nur verträgt; er verlangt es; er ist nicht totzukriegen durch unsere liebevolle Roheit, unser grausames Interesse.
Originale Rechtschreibung

Aspekte für die Analyse von Gedichten

M

Bei der Erschließung eines Gedichts sind spezielle *inhaltliche, formale* und *sprachliche Aspekte* der Gattung zu berücksichtigen. Details können Sie dem **Glossar: Fachbegriffe zur Lyrik** (S. 214–220) entnehmen.

Erste Eindrücke und erste Fragen an das Gedicht

Das Gedicht mehrere Mal sorgfältig lesen und spontan persönliche Eindrücke, Gedanken und Gefühle zum Gedicht und der in ihm entfalteten Thematik notieren.

- Die Stellen im Gedicht kennzeichnen, die auffällig, unverständlich oder problematisch sind. Wo werden ungewöhnliche Wort- und Satzformen, Begriffe und Bilder gebraucht? An welchen Stellen finden sich Unregelmäßigkeiten, Widersprüche, Brüche?
- Die notierten Eindrücke und Einfälle nach Oberbegriffen ordnen und gruppieren.
- Welche Erwartungen, Gedanken und Gefühle verbinden sich mit dem Titel? Was sagt er aus über die Thematik, den Adressatenkreis des Gedichts?
- Fragen formulieren, die sich nach dem Lesen des Gedichts stellen.
- Worum geht es in dem Gedicht? Eine erste Deutungshypothese formulieren.

Inhalt

Thema: Um was geht es in dem Gedicht? Welche Themen, Ideen und Probleme werden angesprochen? Inwieweit weist das Gedicht eine gedankliche Entwicklung auf? Welche Stimmung herrscht vor?

Titel: Welche Bedeutung hat der Titel für das Verständnis des Gedichts?

Sprecher: Wer spricht (zu wem)? Von welchem Standpunkt oder aus welcher Perspektive ist das Gedicht gestaltet? Nimmt der Sprecher/das lyrische Ich eine bestimmte Rolle ein? Welche äußeren und inneren Erfahrungen bringt er zum Ausdruck? Äußert sich in ihnen eine Absicht, Haltung, Stimmung?
Welche (Leit-)**Motive** *(Sehnsucht, Nacht, Liebe, Natur, Ferne, Einsamkeit, Abschied …)* sind in dem Gedicht zu finden? Bilden bestimmte Bilder und Motive einen Zusammenhang? Wie sind sie angeordnet (Reihung, Rahmenbildung, Gegensatz)?

Form

Aufbau: Verse *(Zeilenstil, Enjambement);* Reimschema *(Paar-, Kreuz-, umarmender Reim);* Strophenbildung, Strophenanordnung
Lyrische Gestaltungsmittel: Reimformen *(Stab-, End-, Binnenreim …)*; Metrum *(Trochäus, Jambus, Daktylus, Anapäst);* Kadenz *(weiblich – männlich)*; Versform *(Knittel-, Blankvers, Alexandriner, freier Rhythmus …)*
Klang- und Lautgestaltung: Welche subjektiven Empfindungen, Vorstellungen, Wirkungen werden mit bestimmten (z. B. gleich klingenden) Klängen bzw. Lauten ausgelöst?
Betonungsverhältnisse: Welche Silben und Wörter werden durch Betonung besonders herausgestellt? Wenn vom Metrum abgewichen wird: Was wird dadurch erreicht? Welche Betonungsverhältnisse sind nicht eindeutig?
Textsorte/Gedichtform: Handelt es sich um eine *Ode,* eine *Elegie,* ein *Sonett …*?
Sprachliche Mittel:
- *Wortwahl:* Welche Wörter werden durch Assonanzen, Alliterationen, Endreim besonders hervorgehoben und miteinander in Beziehung gesetzt?

– *Satzarten/Satzbau:* Die Beziehung von Satzstruktur und Vers/Strophe als metrische Einheiten: Fallen Satz- und Vers-/Strophenende zusammen? Welche Wirkungen entstehen, wenn der Satz über das Versende hinaus fortgesetzt wird?

– *Interpunktion:* Werden Satzzeichen gesetzt – und wenn ja, welche, wo und wie?

Rhetorische Mittel:

– *Bildlichkeit:* Welche Vergleiche, Bilder bzw. uneigentlichen Aussagen werden verwendet? Welchen Vorstellungsbereichen sind sie entnommen, welche Bedeutungen entfalten sie im jeweiligen Kontext?

– Wie sind die *Beziehungen* der Bilder untereinander? Ergeben sich aus ihnen bestimmte Bildfelder? Was wird wiederholt? Was wird dadurch erreicht? Welche *Gegensätze* (Antithetik) tauchen auf? Welche *Auslassungen* sind auffällig? ...

Reflexion und Bewertung

Welche der ersten Eindrücke haben sich nach der intensiven Beschäftigung mit dem Text bestätigt?Welche sind widerlegt worden?

Kontexte

Leben: Biografie der Autorin / des Autors: In welchem historischen, politischen, geistesgeschichtlichen und sozialen Umfeld lebte er / sie?

Werk: Vergleich mit anderen Texten der Autorin / des Autors? Welcher literarischen Epoche ist der Text zuzuordnen?

Wirkung: Wie wurde und wird das Werk der Autorin / des Autors rezipiert: von Zeitgenossen, in der Literaturgeschichte, in der Gegenwart?

M

Hinweise zum Schreiben einer Interpretation

Erstes Gedichtverständnis skizzieren

1. die Aufgabenstellung klären
2. die Operatoren im Zusammenhang mit thematischen Schwerpunkten erfassen
3. das Gedicht mehrfach gründlich lesen
4. Eindrücke und Beobachtungen festhalten, dabei Vorwissen zur Thematik, zur Textsorte und zum Autor nutzen
5. Verstehensprobleme und Auffälligkeiten notieren
6. erste Deutungshypothesen formulieren
7. mögliche Untersuchungsaspekte herausarbeiten und Kontextbezüge ermitteln (z. B. Thema, Motive, Aufbau, sprachliche und lyrische Gestaltung, Autor, Epoche)

Die Gedichtinterpretation planen

1. Aspekte der Untersuchung sinnvoll ordnen und dabei die Aufgabenstellung beachten
2. ein Planungskonzept / Gliederung entwickeln und diese aspektorientiert konkretisieren (z. B.
   - Einleitung mit der Hinführung zum Thema
   - Hauptteil mit der Entfaltung der Deutungshypothesen;
   - Schluss mit der bündigen Zusammenfassung der Arbeitsergebnisse)
3. den Argumentationsgang festlegen

Die Gedichtinterpretation schreiben

1. **Einleitung** unter Berücksichtigung von Autor, Thema, Text und Entstehungszeit des Werkes schreiben
2. Für den **Hauptteil** zentrale Deutungshypothesen formulieren, entfalten und konkretisieren
3. diese in eine schlüssige Reihenfolge bringen
4. werkübergreifende Aspekte (Biografie, Epoche, poetologische Zusammenhänge) berücksichtigen
5. Fachbegriffe und Methoden der Lyrikanalyse nutzen
6. Behauptungen durch angemessene Zitate belegen
7. Für den **Schlussteil** Ergebnisse der Analyse resümieren

Die Gedichtinterpretation überarbeiten

1. die sachliche Richtigkeit kontrollieren
2. die orthografischen und grammatikalischen Fehler korrigieren
3. den sprachlichen Ausdruck verbessern und die stilistische Stimmigkeit der Analyse überprüfen
4. auf den stringenten Aufbau der Analyse und sinnvolle Übergänge achten

M

Exemplarische Interpretation

Rolf Dieter Brinkmann

Einen jener klassischen 1975

schwarzen Tangos in Köln, Ende des
Monats August, da der Sommer schon

ganz verstaubt ist, kurz nach Laden
Schluss aus der offenen Tür einer

dunklen Wirtschaft, die einem
Griechen gehört, hören, ist beinahe

ein Wunder: für einen Moment eine
Überraschung, für einen Moment

Aufatmen, für einen Moment
eine Pause in dieser Straße,

die niemand liebt und atemlos
macht, beim Hindurchgehen. Ich

schrieb das schnell auf, bevor
der Moment in der verfluchten

dunstigen Abgestorbenheit Kölns
wieder erlosch.

Einleitung: **Entstehung und Publikation**

Das Gedicht »Einen jener klassischen« zählt zu einer Sammlung von Gedichten, die Rolf Dieter Brinkmann in der Zeit zwischen 1970 und 1974 verfasst hat und die ein Jahr später in seinem Gedichtband »Westwärts 1&2« posthum veröffentlicht wurden. Dieser enthält poetische Momentaufnahmen aus dem Alltag, aber auch umfangreiche Flächengedichte. Ungewöhnlich in ihrer äußeren Form, knüpfen sie an poetologische Überlegungen an, die der Autor in seiner Anthologie »Piloten« formuliert hat:

Ziele des Gedichts

»Ich denke, dass das Gedicht die geeignetste Form ist, spontan erfasste Vorgänge und Bewegungen, eine nur in einem Augenblick sich deutlich zeigende Empfindlichkeit konkret als snap-shot festzuhalten. Jeder kennt das, wenn zwischen Tür und Angel, wie man so sagt, das, was man in dem Augenblick zufällig vor sich hat, zu einem sehr präzisen, festen, zugleich aber auch sehr durchsichtigen Bild wird, hinter dem nichts steht als scheinbar isolierte Schnittpunkte. Da geht es nicht mehr um die Quadratur des Kreises, da geht es um das genaue Hinsehen, die richtige Einstellung zum Kaffeerest in der Tasse, während jemand reinkommt ins Zimmer und fragt, gehen wir heute Abend in die Spätvorstellung?«

Gegenstand des Gedichtes soll nach Auffassung des Autors das sein, was der Dichter im Alltag vorfindet, das was sinnlich greifbar ist und von ihm spontan ergriffen werden kann.

Hauptteil: **Anlass und Thematik**

In diesem Gedicht ist es die vitale Erfahrung eines Augenblicks in der verstaubten und dunstigen Großstadt Köln, das Hören von Tango-Rhythmen aus einer Wirtschaft, die einem Griechen gehört, eine sensible Wahrnehmung, die die Trostlosigkeit der Szenerie punktuell aufbricht und ein Gefühl von Freiheit evoziert, bevor sie wieder verlöscht.

auffällige poetische Formen

Was beim ersten Betrachten des Gedichts sogleich ins Auge fällt, ist die unkonventionelle Form. Vieles von dem, was traditionelle Lyrik auszeichnet, scheint hier zu fehlen: Reim, ein festes Metrum, ein spezifischer Rhythmus und elaborierte Bildlichkeit. Allein die Zeilenbrechung in Verse und die Strophenbildung erinnern an diese, doch wirken die vielen Zeilen- und Strophensprünge ziemlich willkürlich.

Brinkmann arbeitet mit überraschenden Zäsuren und Schnitten, trennt Satzglieder, die in grammatischer Hinsicht eng zusammengehören (»Ende des / Monats August«; »Laden / Schluss«; »einer // dunklen Wirtschaft«) und hemmt den Satzfluss (»Ich// schrieb dies«). Daraus resultiert eine spannungsvolle Dialektik von Sprechrhythmus und Zeilenstruktur, Bewegung und Unterbrechung, die dem erlebten Moment Spontaneität verleiht, aber auch dessen Flüchtigkeit sinnfällig macht.

Exposition

Auffällig ist in diesem Zusammenhang schon der Titel, der für sich genommen noch keinen Sinn ergibt, die Erwartungen des Lesers spannt, aber diese nicht sogleich befriedigt. Der vorgeblich fragmentarische Titel mündet in einen Satz, der weit ausholend, fast ein wenig umständlich die Situation exponiert. Genannt werden Ort (»Köln«), Zeit (»Ende des Monat August«) und Wahrnehmungsobjekt (»schwarzen Tangos«). Das ist der erste Teil der poetischen Komposition des Gedichts.

Struktur

Das Subjekt der Wahrnehmung, das in der Exposition noch ausgespart bleibt, prägt mit seinem emotionalen Erlebnis dessen zweiten Teil: Die Erfahrung der Großstadt als verstaubter, lebloser Ort wird plötzlich aufgebrochen durch das Hören des belebenden Tangos, dessen Klänge als befreiend, »beinahe« als »Wunder« erlebt werden.

Dieses selbst wird dem wahrnehmenden Subjekt – hier im dritten Teil taucht dieses erstmals explizit als »Ich« auf – zum poetischen Impuls, es schnell aufzuschreiben, und zwar im Bewusstsein, dass es in der »dunstigen Abgestorbenheit« der Stadt rasch wieder verlöschen wird, allenfalls als Erinnerung festgehalten werden kann.

sprachliche Gestaltung

Die Sprache des Gedichts ahmt genau die Wahrnehmungs- und Reflexionsgeste des lyrischen Ich nach. Schon die Syntax des bis zur Mitte der achten Zeile reichenden ersten Satzes stellt ein analogisches Modell von dessen Wahrnehmung und Reflexion dar. Zwei Teilsätze bilden die Struktur dieses Modells ein längerer durch Umstandsbestimmungen und Nebensätze stark untergliederter erster Satz und ein knapper zweiter, der fast von dem Gewicht des ersten erdrückt wird. Der Wahrnehmungsprozess, der beim Objekt einsetzt und dann Zug um Zug zu dessen Urheber zurückgeführt wird, besitzt sein sprachliches Abbild in einem Satzbogen, der von dem grammatischen Objekt an der Spitze des Satzes (»Einen jener klassischen schwarzen Tangos«) bis zum Verb (»hören«), der Bezeichnung für die Wahrnehmungsart, gespannt ist. Innerhalb solcher syntaktischen Rahmenbildung, die den intentionalen Bezug des Wahrnehmungsvorganges auf das Objekt nachzeichnet, erfolgt eine Binnendifferenzierung durch mehrere zeitliche und örtliche Umstandsbestimmungen und zwei eingeschobene Nebensätze, die den situativen Kontext, in den die Wahrnehmung eingebettet ist und den sie teilweise selbst überbrückt, deutlich machen.

Haltung des lyrischen Ich

Dem sprachlich breit ausgeführten Wahrnehmungsvorgang, bei dem der Leser deutliche Mühe hat, ihn während seines Lektüreprozesses ganz zu umfassen, schließt sich fast unvermittelt die im lakonischen Sprachstil gefasste Reflexionsgeste an, die das Außergewöhnliche dieser Wahrnehmung unterstreicht. Gleichwohl dementiert das Außergewöhnliche, das Unerwartete nicht das Alltägliche der Situation: Wahrgenommen wird »ein alltägliches Wunder«. Das Hören der südländischen Musik, gewiss im Zentrum der Großstadt nichts Außergewöhnliches, wird nur deshalb beinahe als Wunder, als Überraschung erfahren, weil der örtliche und zeitliche Kontext der Situation solche Erfahrung fast provoziert: Einer jener heißen Sommerabende im August, der in der Großstadt nicht mehr als klar, hell und leicht, sondern eben als verstaubt, dunstig und bedrückend empfunden wird, ist der Hintergrund.

Deutungshypothesen

Dargestellt wird jener Augenblick, in dem die Menschen das Zentrum der Stadt gerade verlassen und eine tote verdorrte Häuser-Einöde zurückgelassen haben. Das Bild, das sich dem Betrachter jetzt und hier nach Geschäftsschluss bietet, ist trostlos und schmutzig. Die von Menschen leergefegten Geschäftsstraßen lassen die Hitze, die auf ihnen lastet, nur noch deutlicher empfinden. Von solcher leblosen Großstadtszenerie hebt sich für den Betrachter – fast wohltuend – jener bekannte südländische Rhythmus ab, der aus einer dunklen Wirtschaft kommt. Er bringt für einen Moment Leben, einen Schuss dunkler Exotik und einen Hauch von Poesie in diese abgestorbene Zivilisationslandschaft. Für einen Moment ist die Spur eines wahren Lebens erkennbar, auch wenn die Sehnsuchtsrhythmen des Südens in der deutschen Großstadt, fern des Ursprungs ihrer Heimat, nur noch eines jener beliebigen akustischen Reizmittel sind, um deutsche Gäste die Fremdheit anderen Lebens erahnen bzw. spüren zu lassen.

Gesamtinterpretation

DDie Idylle ist so zwar eine vermittelte, geborgte, aber gewährt innerhalb einer bedrückenden Umwelt für einen Augenblick Befreiung und Besinnung (»Pause«), reißt aus Monotonie und Trostlosigkeit, lässt den Betrachter aufatmen. Solche Utopie bleibt allerdings dem Augenblick verhaftet. Die viermalige Nennung des Wortes »Moment« macht das Punktuelle und Flüchtige dieser Erfahrung, eben den poetischen »Snap shot« deutlich.

In dem Augenblick, in dem die sinnliche Wahrnehmung in das Bewusstsein des Betrachters eindringt, indem sie von ihm als Wunder, als Überraschung bewertet und im vitalen Sinne als Erleichterung (»aufatmen«) bewusst wird, droht sie auch schon wieder zu verlöschen. Die sprachliche Formung, genauer: die unverbunden aneinandergereihten nominalen Kennzeichnungen strecken zwar den Augenblick zeitlich, der Verzicht auf das Verb als den Träger von Zeitlichkeit entreißt zwar die beschriebene Erfahrung für Augenblicke dem Zeitstrom, macht sie überdeutlich, kann dem Moment aber keine Dauer verleihen. Weder das eine noch das andere vermag die Zeit stillzulegen.

So zufällig, wie diese Erfahrung sich einstellte, so zufällig wird sie in der dunstigen Abgestorbenheit Kölns wieder vergehen. Was bleibt, ist der behände Versuch des Chronisten, des Literaten, den Moment und damit die ihn bestimmende Erfahrung schreibend festzuhalten. Damit büßt sie an Ursprünglichkeit ein, wird aber immerhin dokumentiert und so der Erinnerung zugänglich gemacht, zwar nicht für die Öffentlichkeit bestimmt, sondern als Notiz, als subjektiver Reflex auf einen in seinem Realitätsgehalt nicht mehr einzuholenden Augenblick.

Schluss: **Bestimmung der Gedichtform**

Bei dem Gedicht zeigt sich, dass es sich nicht nur um Stadtlyrik mit ökologischen Bezügen handelt. Das Gedicht ist auch selbstreferenziell bzw. poetologisch, d. h. ein Gedicht über das Schreiben von Gedichten. Dieses kann den besonderen transzendierenden Augenblick noch einmal vergegenwärtigen.

M

Glossar: Fachbegriffe zur Lyrik

Die Erläuterungen der Fachbegriffe sind nicht als Verzeichnis in alphabetischer Reihenfolge angelegt, sondern verstehen sich als systematische Erschließung der verschiedenen Analyseaspekte lyrischer Dichtung. Sie bieten eine in sich geschlossene Darstellung und ermöglichen eine fortlaufende Lektüre.

Der Begriff »Lyrik« Ursprünglich handelt es sich bei der Lyrik um Gesänge, die, daher der Name, mit Lyra-Begleitung vorgetragen wurden. Die enge Bindung dieser Gattung an den Tanz, das Lied und an die Musik wird sinnfällig in den die Lyrik prägenden Gestaltungselementen Vers, Rhythmus, Klang, Reim, (Sprach-)Melodie und Strophe. Lyrik realisiert sich zumeist in Gedichten (von geringem Umfang), deren notwendiger Baustein der Vers ist. Aber auch Dramen, Heldenepen und Fabeln können in Versform gestaltet sein und wurden häufig, und zwar bis ins 19. Jahrhundert, als Gedichte bezeichnet.

Vers Unter einem Vers wird die in Form einer Druckzeile (häufig beginnend mit einem Großbuchstaben) hervorgehobene Sprecheinheit verstanden, die durch eine rhythmische Ordnung geprägt ist.

Vers – Prosa Vers und Prosa lassen sich nicht grundsätzlich, sondern nur graduell unterscheiden. Die Verssprache ist zwar wie die Prosasprache durch unterschiedliche Sprecheinheiten/-phasen (*Kola*) und durch die Verteilung von je unterschiedlichen Tonstärken auf die verschiedenen Silben gegliedert, doch zeigt sie gegenüber der Prosa das größere Maß an Ordnung: Die einzelnen Sprecheinheiten – die Verse – sind in ihrer jeweiligen Länge zahlenmäßig festgelegt, und auch die Abfolge von betonten und unbetonten Silben fügt sich zu einer deutlich vernehmbaren Ordnung.

Verslehre In der Verslehre der deutschen und englischen Literatur wird nicht wie innerhalb der antiken Metrik zwischen Längen und Kürzen, zwischen langen und kurzen Silben unterschieden, sondern es wird die jeweilige Realisierung von betonten und unbetonten Silben innerhalb eines Verses erfasst.

Metrum Dem Vers kann ein bestimmtes Metrum bzw. ein bestimmter Takt zugrunde liegen. Darunter wird ein festes Muster der Anordnung von betonten und unbetonten Silben bzw. eine regelmäßig wiederkehrende Folge von *Hebungen* und *Senkungen* verstanden.

Versfuß Die kleinste Einheit, durch deren Wiederholung eine messbare Reihe entsteht, wird auch als Versfuß oder als Taktart bezeichnet. Dabei unterscheiden wir – im Rückgriff auf die Antike – folgende wichtige Taktarten:

- den **Jambus** als Folge einer unbetonten und einer betonten Silbe **xx́**,
- den **Trochäus** als Folge einer betonten und einer unbetonten Silbe **x́x**,
- den **Daktylus** als Folge einer betonten und zweier unbetonter Silben **x́xx**,
- den **Anapäst** als Folge von zwei unbetonten und einer betonten Silbe **xxx́**.

Der Vers lässt sich durch die Angabe der Anzahl seiner Takte oder Hebungen genau beschreiben. Enthält er z. B. vier Takte oder Hebungen, spricht man von einem *vierhebigen Vers*. Ist der Vers durch einen regelmäßigen Wechsel von betonten und unbetonten Silben bestimmt, so heißt er *alternierend* (Alternation).

*Versanfang B*eginnt der Vers mit einer oder mehreren unbetonten Silbe(n), so spricht man von einem *Auftakt* oder einem *auftaktigen Vers*.

Versende In der Fachliteratur wird der Versausgang auch als *Kadenz* bezeichnet. Verse, die mit betonter Silbe enden, heißen *stumpf* oder *männlich*, solche, die mit unbetonter Silbe enden, *klingend* oder *weiblich*.

Versformen Je nach Art des Verses, des Versanfangs, der Kadenz und der Anzahl seiner Hebungen ergeben sich verschiedene Versformen. Unterschieden werden etwa:

- der **Alexandriner** (sechshebiger Jambus mit einer Zäsur– einem Einschnitt–nach der dritten Hebung bzw. sechsten Silbe):

Du siehst, wohin du siehst, / nur Eitelkeit auf Erden.
x xx́ xx́ | xx́ xx́ xx́ (x)
Was dieser heute baut, / reißt jener morgen ein,
xx́ xx́ xx́ | xx́ xx́ xx́
(Andreas Gryphius: Es ist alles eitel)

- der **Knittelvers** (vierhebiger Vers, der stets im Paarreim auftritt).

Eins abents spat da schaut ich aus
zu eim fenster in meinem haus, (Hans Sachs: Hans Unfleiß)

- der **Hexameter** (aus sechs Daktylen bestehender antiker Vers, deren erste vier durch *Spondeen* (Versfüße mit zwei Hebungen) ersetzt werden können und deren letzter *katalektisch* (unvollständig) ist.
- der **Pentameter** (trotz des Namens bestehend aus sechs Daktylen, wobei dem dritten und sechsten Daktylus die Senkungen fehlen).

Lass dich, Geliebte, nicht reun, dass du mir so schnell dich ergeben! [Hexameter] **x́xx | x́xx | x́x́ | x́xx | x́xx | x́x**
Glaub' es, ich denke nicht frech, denke nicht niedrig von dir. [Pentameter] **x́xx | x́xx | x́ | x́xx | x́xx | x́**
(Johann Wolfgang von Goethe: III. Römische Elegie)

- die **Volksliedzeile** (mit drei oder vier Hebungen bei Freiheit in der Wahl der Senkungen).

– **Reimlose Verse** von beliebiger Länge, Hebungszahl und Senkungsfüllung, d. h. metrisch ungebundene Verse werden als Freie Rhythmen bezeichnet.

M

Rhythmus Beim Sprechen von Gedichten lässt sich feststellen, dass die metrische Ordnung von Versen durch eine andere sprachliche Bewegung überlagert wird. Diese realisiert sich etwa
– im *Sprechtempo* (schnell – langsam),
– in der *Klangfarbe* (hell – dunkel),
– in der *Betonungsstärke* (laut – leise)
– und in der *Pausierung* (lang – kurz).

Diese Bewegung bezeichnet man als Rhythmus. Besondere Möglichkeiten der rhythmischen Gliederung ergeben sich aus der Verwendung von *Zäsuren* (Einschnitte innerhalb des Verses, die beim Sprechen kleine Pausen erfordern) und aus der Beziehung von Satz- und Versgestaltung. Fallen die syntaktische Einheit/der Satz und das Versende zusammen, so spricht man vom *Zeilenstil*. Überspielt die syntaktische Einheit die Vers- bzw. Strophengrenze, so bezeichnet man dies als einen *Zeilensprung* (Enjambement) bzw. *Strophensprung*.

Reim Um das Gedicht auch als Klanggebilde zu erfassen, ist auf die Lautung der Verse zu achten. Diese können durch Gleichklang von Silben und Lauten miteinander verbunden werden. Die am häufigsten verwendete Klangform ist der Endreim, der Gleichklang zweier oder mehrerer Verse vom letzten betonten Vokal an.

Reimarten Je nach Stellung der miteinander reimenden Verse unterscheidet man: den *Haufenreim* (aaaa, bbbb), *Paarreim* (aabb), *Kreuzreim* oder *Refrain* (abab), *umschließenden Reim* (abba), *Schweifreim* (aabccb). Wird ein Vers am Schluss einer Strophe wiederholt, so spricht man von einem *Kehrreim*.

Alliteration Neben dem Endreim ist die Alliteration ein weiteres Klangmittel. Sie bezeichnet die Übereinstimmung der anlautenden Konsonanten von Wörtern eines Verses oder einer Strophe. Diese werden dadurch besonders hervorgehoben (z. B. *Mann und Maus, Kind und Kegel*). Die Vorform dieser Klangfigur bildet der *Stabreim* in der germanischen Dichtung.

Assonanz Ein weiteres Gestaltungsmittel, Verse oder Versgruppen klanglich auszuschmücken, ist die Assonanz. Darunter versteht man einen Binnenreim: Gleiche Vokale verbinden hierbei Wörter innerhalb eines Verses oder mehrerer Verse (z. B.*Unterpfand – wunderbar*).

Strophe Die Zusammenstellung von Versen zu einer Versgruppe bezeichnet man als Strophe. Sieht man einmal von den antikisierenden reimlosen Odenstrophen ab, so erfolgt die Verbindung mehrerer Verse zur nächsthöheren Einheit der Strophe in der Regel durch den Reim; die einfachste Form der Strophenbildung ergibt sich aus der Verbindung von zwei Versen durch den Endreim (Zweizeiler). Darüber hinaus stellt die Strophe innerhalb der thematischen Gestaltung des Gedichtes zumeist eine Sinneinheit dar.

Strophen- und Gedichtform Je nach Art und Anzahl der Verse, die zu Gruppen zusammengefasst werden, ergeben sich unterschiedliche Strophen- und Gedichtformen wie z. B.

- die **Volksliedstrophe**, die sich aus vier im Kreuzreim angeordneten Volksliedzeilen zusammensetzt.
- das **Sonett**, eine strenge 14-zeilige Gedichtform, die durch die Reimstellung meist in je zwei *Quartette* (Vierzeiler) und *Terzette* (Dreizeiler) unterteilt wird.

- das **Madrigal** als freies strophisches Gebilde von etwa 3 bis 20 Versen, deren Zeilen unterschiedlich lang und von wechselndem metrischen Charakter sind.
- das **Distichon** als eine zweizeilige, klassisch-antike Strophenform, die sich aus einem Hexameter und einem Pentameter zusammensetzt. Die Aneinanderreihung von Distichen führt zur Gedichtform der Elegie.
- die **Ode**, die aus der antiken in die deutsche Dichtung übernommen wurde. Sie ist ein ernstes, weihevolles Gedicht, das in der Regel an einen Adressaten – Gott, Held, Freund – gerichtet ist. Bestimmend für sie ist eine strenge Formgebung, die für die Strophe ein festes metrisches Schema vorsieht.
- das **Epigramm** als Sinngedicht in Reimen, in dem seit der Antike eine Idee oder eine Beobachtung kurz und pointiert, manchmal auch satirisch formuliert wird.
- die **Hymne** (der Hymnus), ursprünglich ein kirchlicher Lob- und Preisgesang, der seit dem *Sturm und Drang* auch weltliche Themen aufgreift und meist in freien Rhythmen verfasst wird.
- die **Ballade** als eine Sonderform, die alle drei poetischen Gattungen in sich vereint, denn sie erzählt eine Geschichte (episch) in Versform (lyrisch) mit Dialogelementen (dramatisch).
- die **Visuelle/Konkrete Poesie** als experimentelle Form, in der die Sprache selbst zum Inhalt und Zweck des lyrischen Textes wird und oft optische und/oder akustische Elemente zum Tragen kommen.

Realisierungsformen der Lyrik

Gedankenlyrik Ein Verständnis von Lyrik, das ihr Wesen allein in dem subjektiven Ausdruck von Stimmungen, Erlebnissen und Gefühlen sieht, greift zu kurz, kann zumindest solche Gedichte nicht erfassen, die Wissen und Lehren vermitteln oder sich gedanklich mit bestimmten Ideen oder Problemen auseinandersetzen, z. B. in der Form von *Sinngedichten* und *Sprüchen*. Solche Texte charakterisiert man allgemein mit dem Begriff der Gedankenlyrik.

Der Grad der Fiktionalität kann in einem Gedicht dadurch erhöht werden, dass ein **Rollengedicht** fingiert wird, d. h. einer bestimmten Figur eigene oder nachempfundene Gedanken und Gefühle in den Mund gelegt werden. Typische Rollengedichte dafür sind etwa die Minnelieder aus dem Mittelalter mit Männer- und Frauenstrophen.

Slam Poetry An die lyrische Tradition der Minnesänger, an ihre von ihnen im literarischen Wettbewerb vorgetragenen Lieder knüpfen gegenwärtig auch die Vertreter des Poetry Slam an. Auch hier handelt es sich um einen Dichterwettstreit, in dem Autorinnen und Autoren Gelegenheit gegeben wird, ihre eigenen Texte vor einer Jury bzw. einem Publikum vorzutragen bzw. zu inszenieren.

Während es sich bei *Slam Poetry* (auch *Slampoetry)* um die Realisierungsform der Texte handelt, versteht man unter *Poetry Slam* die Form der Literaturpäsentation, d. h. den Auftritt von Autorinnen und Autoren bei einem öffentlichen Wettstreit um die Gunst des Publikums.

Figurengedicht Von performativen Darbietungen von Lyrik (wie bei der Slam poetry) sind Gedichte abzugrenzen, deren Verfasser mit optischen Gestaltungsmitteln arbeiten. Die bekannteste Realisierungsform ist das Figurengedicht. Dessen Verse bilden durch verschiedene Längen und spezifische Druckanordnungen bestimmte Gegenstände oder Symbole ab. Bevorzugte Formen sind Herz, Kreuz, Bäume, Säulen und Früchte.

Arbeitsanregungen

1. Mit Gedichten umgehen heißt für Bertolt Brecht sie zu »zerpflücken« bzw. für Andreas Thalmayr, sie zu »zerstören und wieder zusammenzusetzen« (S. 201 / 202). Wenden Sie auf ein Gedicht Ihrer Wahl diese Verfahren an. Wie beurteilen Sie diesen Umgang mit Gedichten?

2. Rekonstruieren Sie in Form von Arbeitsschritten die Analyse bzw. Interpretation des Gedichts »Einen jener klassischen« (S. 208 ff.). Wie geht der Interpret vor? Auf welche Aspekte geht er ein? Formulieren Sie im Anschluss an Ihre Ergebnisse eine Deutungshypothese zu dem Gedicht.

3. Wählen Sie ein Gedicht aus, das Ihnen gefällt und begründen Sie Ihre Entscheidung. Interpretieren Sie es mithilfe des Schreibplans (S. 206 f.). Berücksichtigen Sie dabei die Aspekte für die Untersuchung von Gedichten (S. 203 ff.).

4. Bei der Erschließung von Gedichten müssen Sie auch deren Kontexte berücksichtigen.
   a) Ermitteln Sie den biografischen Kontext, in dem Goethes Gedicht »Ein gleiches« (S. 58) entstanden ist.
   b) Recherchieren Sie den sozialpolitischen Hintergrund zu Heines »Die schlesischen Weber« (S. 136).
   c) Zeigen Sie an Heyms Gedicht »Der Krieg« (S. 98) epochenspezifische Merkmale auf.
   d) Bei den Gedichten »Owê, sol aber mir iemer mê« (S. 15), »Entdeckung an einer jungen Frau« (S. 36) und »Liebe am Horizont« (S. 50) handelt es sich um Tagelieder. Informieren Sie sich über Herkunft, Thematik und Motivik dieser Gedichtform. Untersuchen Sie, wie die Autoren diesen Formtypus verarbeitet haben.

M

Lyrik in einzelnen Epochen

Mittelalter Die Lyrik des frühen und hohen Mittelalters kann man in zwei Großbereiche unterteilen: in geistliche und ritterlich-höfische Gedichte. Diese sind nicht Ausdruck individueller Gefühle und Vorstellungen, sondern spiegeln – größtenteils in ritualisierter und stilisierter Form – die Wertehaltungen und Verhaltensmuster der Zeit wider. Eine zentrale Realisierungsvariante weltlicher Dichtung ist neben dem Volkslied und der Spielmannsdichtung die Minnelyrik (seit 1170). In der Verbindung von Text und musikalischer Begleitung war sie ein wichtiger Teil kultureller Bildung und höfischer Geselligkeit. Minnelieder sollten unterhalten, wurden am Hof von den Dichtern vorgetragen. Minne resultiert aus ständischem Denken und stellt dieses – im Kontrast zu den realen Geschlechterbeziehungen – idealisiert dar: Der Mann steht im Dienst der Herrin, der *frouwe* (Frauendienst), wirbt um ihre Gunst und preist sie in ihrer Schönheit und Tugend. Diese ist für ihn aber unerreichbar. So bleibt ihm im Wissen um die Aussichtslosigkeit und Unerfüllbarkeit seiner Sehnsucht oft nur die Klage.

Eine Sonderform des Minnesangs ist das Tagelied. Es schildert den fiktiven Abschied und die Trennung eines Liebespaares nach einer unerlaubten Liebesnacht im Morgengrauen. Zeichen für den Tagesanbruch sind das hereinbrechende Licht und die Stimmen der Vögel. Neben den Minneliedern prägt auch die politische Lyrik das Dichtungsverständnis der Zeit. Diese fordert – wie etwa Walther von der Vogelweide in seinen Reichsliedern – zu Besinnung und rechtem Leben in Zeiten gestörter sozialer und politischer Ordnung auf.

Barock (1680–1720) Das 17. Jahrhundert ist ein Zeitalter der Krisen und Kriege. Vor allem der Dreißigjährige Krieg, (1618–1648), der mit seinen Zerstörungen und Verwüstungen die erste Hälfte des Jahrhunderts prägte, brachte vielen Menschen unsägliches Leid und materielles Elend. Verstärkt wurde dieses durch Pest und Hungersnot, sodass in diesem turbulenten Jahrhundert das Bewusstsein der Vergänglichkeit aller Dinge, nachgerade die Gewalt des Todes allerorten spürbar war.

Mit solchen Erfahrungen von Vergänglichkeit und der Vergeblichkeit menschlichen Tuns kontrastiert der Hang des Zeitalters zu Luxus und Repräsentation. In diesen Gegensätzen drücken sich diametral unterschiedliche Erfahrungen und Lebensgefühle der Menschen der Zeit aus, die gleichwohl aufeinander verweisen und einander bedingen: Lebensgenuss und Todesbewusstsein, Glaube und Zweifel, das Wissen um die Hinfälligkeit der Verhältnisse und der Ruf nach Beständigkeit als einem Leitfaden des Handelns. Diese Gegensätze konzentrieren sich in solchen Schlagworten wie »vanitas« (Vergänglichkeit), »memento mori« (Denke an den Tod!) und »carpe diem« (Nutze den Tag!). Mit solchen Erfahrungen setzen sich die Autoren des Barock in ihren Gedichten, in Sonetten (z. B. Gryphius, Fleming) und Sinnsprüchen (Logau) auseinander. Auf die Zerrüttungen und Verwüstungen in ihrer Lebenswelt reagieren sie mit geordneten poetischen Formen, mit Texten, deren Bilder dem menschlichen Dasein Sinn zu verleihen suchen.

Die Aufklärung (1720–1785) Die Literatur der Aufklärung ist geprägt durch ein rationalistisches Weltbild und durch eine Lebensauffassung, die den Menschen ermutigt, sich seines eigenen Verstandes zu bedienen, aus dem Zustand der selbst verschuldeten Unmündigkeit herauszutreten und sich von

M

Bevormundung und Vorurteilen zu befreien. Ist für das Barockzeitalter die Spannung von vergänglichem Diesseitserfahrungen und Jenseitserwartungen kennzeichnend, so charakterisiert die Aufklärung tendenziell die Hinwendung zur sinnlich erfahrbaren Lebenswelt. Der Mensch ist von Natur aus ein freies, vernunftbegabtes Wesen, das mittels seines Verstandes und seiner Sinneswahrnehmungen nicht nur die Wirklichkeit erschließen, sondern auch sein Handeln selbst bestimmen kann, d. h., dieses an Normen und Werten, die er für vernünftig hält und seinem Streben nach Tugend und Glück dienen, orientiert.

Die bevorzugten Gedichtformen der Aufklärung sind Lehrgedichte, Oden und Lieder. In den Lehrgedichten werden die philosophischen Anschauungen der Zeit von der Ordnung und Zweckmäßigkeit der Welt, der Harmonie von Natur und göttlicher Vernunft sinnfällig. In der reflektierenden Betrachtung von konkreten Naturphänomenen (Brockes) werden die Größe und Güte Gottes sichtbar. Eine besondere Spielart der Dichtung der Aufklärung ist die *Anakreontik* bzw. *Rokokolyrik*. Ihre zentralen Motive sind Liebe und Wein, Freundschaft und Geselligkeit, die in Liedern – vor dem Hintergrund idyllischer Landschaften – teils heiter und anmutig, teils witzig und anspielungsreich entfaltet werden.

Sturm und Drang und Empfindsamkeit (1770 – 1785)
Die Empfindsamkeit und die Sturm-und-Drang-Bewegung schreiben das emanzipatorische Denken der Aufklärung fort, kritisieren aber auch gleichzeitig deren verkrustete Formen, den durch instrumentelles Denken verengten Vernunftbegriff und wollen das Verhältnis von Kopf und Herz, Denken und Gefühlen im Sinne einer produktiven Synthese poetisch neu ausbalancieren.

Im Rückgriff auf die Zivilisationskritik Rousseaus verweisen sie auf die Entfremdungsschäden des Menschen in der Gesellschaft, wenden sich gegen abstrakte Moralvorschriften und ästhetische Regeln, die die Einbildungskraft einschnüren, und fordern die Verwirklichung einer am Naturideal orientierten Menschlichkeit, in der der Mensch zu sich selbst kommt und die ihm die Entfaltung all seiner individuellen Seelenkräfte ermöglicht.

Exemplarischer Ausdruck eines solchen mentalitätsgeschichtlichen Wandels im Schnittpunkt von Empfindsamkeit und Sturm und Drang sind die Gedichte der Zeit, vor allem die Hymnen, Lieder und Balladen Goethes. Anknüpfend an die Tradition des Volkslieds und antiker Odenformen findet er für die Erfahrung von Natur und Liebe in Rhythmus, Klang und Bildlichkeit eine neue durch Subjektivität geprägte Verssprache.

Weimarer Klassik (1786–1805) Epochenbezeichnungen sind nachträgliche Konstrukte des kollektiven Gedächtnisses, die aus einem teilweise ungleichartigen und widersprüchlichen literarischen Ereignisfeld einen Komplex von Werken herausheben und diesem einen überzeitlichen Rang verleihen. So verhält es sich auch mit der deutschen Klassik, besser: der Weimarer Klassik. Die deutsche Literaturgeschichtsschreibung des 19. Jahrhunderts spricht von ihr als einer Zeit der Vollendung. Für sie ist vor allem dank der überragenden literarischen Leistungen der Dichter Goethe und Schiller kultureller Höhepunkt der Geschichte, Vorstufe und Vorbild für die Schaffung eines demokratischen Nationalstaates. Beide Dichter haben sich zu Lebezeiten allerdings nie als Vertreter der Klassik bzw. als Klassiker begriffen, geschweige denn bezeichnet.

M

Die Epoche der Klassik umfasst einen Zeitraum von knapp 20 Jahren. Sie beginnt 1786 mit Goethes Aufbruch nach Italien, wo der Dichter durch seine Begegnung mit der griechisch-römischen Antike sein Kunstverständnis nachhaltig veränderte und zu geschlossenen poetischen Formen fand, und endet mit Schillers Tod im Jahr 1805. Was beide Dichter miteinander verbindet, ist die Vorstellung von der ästhetischen Autonomie der Poesie und – in Abkehr von der Formfreiheit der Geniezeit – die Forderung nach Ordnung und Maß, nach einem harmonischen Ausgleich von Verstand und Gefühl, Natur und Kunst, Individuum und Gesellschaft, der auf Bildung zur Humanität zielt.

Das Bild einer ganzheitlichen Persönlichkeit entwickelt Schiller feierlich und maßvoll in seiner Gedankenlyrik, seinen Epigrammen und seinen idealistischen Balladen, noch oder gerade dann, wenn er in elegischer Form deren Verlust beklagt. Von seiner geschichts- und kulturphilosophisch geprägten Lyrik heben sich die Natur- und Liebesgedichte Goethes ab, die in der Form von Liedern, Sonetten und Elegien in sinnlicher Anschauung das Allgemein-Menschliche erfahren und symbolhaft verdichten.

Romantik (1795–1830) Mit den Begriffen der Romantik und des Romantischen verbindet man heute häufig Bilder und Vorstellungen, die sehr stark durch die Klischees der Werbung und touristischen Industrie geprägt sind: etwa nostalgische Erinnerungen an Sonnenaufgänge und -untergänge am Meer, an idyllische Landschaften, vielleicht denkt man aber auch an Spaziergänge eines Liebespaares auf einsamen Wegen in einer Mondscheinnacht. Der Blick in die Literaturgeschichte zeigt, dass diese Vorstellungen zu eng und einseitig sind. »Romantik« und »romantisch« bezeichnen hier auch das Wunderbare und Geheimnisvolle, ja Dunkle, Verborgene und Abseitige. Um 1800 entstand in Berlin, Heidelberg und Jena die frühromantische Literaturbewegung (Novalis, Tieck, F. und A. W. Schlegel), die in ihren Texten das Unbehagen an der Normalität, ihre Unzufriedenheit mit dem gewöhnlichen Alltagsleben zum Ausdruck brachte. Die Generation romantischer Autoren erfährt ihr Leben als Enge und Zwang, als träges, langweiliges Einerlei, als – ein Reflex auf das einsetzende Maschinenzeitalter – mechanische Wiederkehr des Immergleichen.

»Die Welt muss romantisiert werden«, so schreibt Novalis in einem berühmt gewordenen Fragment. Romantisieren in diesem Sinne heißt, die Wirklichkeit durch produktive Einbildungskraft und Reflexion zu überschreiten, dem Alltäglichen einen neuen Sinn, dem Endlichen einen unendlichen Schein zu geben. Für die Dichter entspringt daraus die Aufgabe, das Buch der Welt neu zu entziffern und diese in Märchen, Mythen und Gedichten poetisch neu zu buchstabieren, um ihre verloren gegangene Einheit wiederherzustellen. Von dem Bewusstsein der Zerrissenheit von Ich und Welt, zugleich aber auch von der Sehnsucht, sie überwinden zu können, zeugen die Gedichte Brentanos und Eichendorffs, aber auch die Liebespoesie des »gebrochenen« Romantikers Heine.

Restauration/Vormärz (1815–1848) Nach der Niederlage Napoleons und den Beschlüssen des Wiener Kongresses (1814/15) wurden die vorrevolutionären Verhältnisse in den deutschen Fürstentümern wiederhergestellt. Solche restaurativen Bestrebungen sind mit der Person des österreichischen Kanzlers Fürst Metternich verbunden. An der Spitze des deutschen Staatenbundes stehend, suchte er durch rigorose Zensuren und Verbote die öffentlichen Forderungen nach bürgerlichen Freiheiten und nationaler Einheit zu blockieren, konnte aber nicht verhindern, dass es immer wieder zu politischen Unruhen, Protesten und Umsturzversuchen kam. An ihnen waren Autoren wie Heine, Büchner, Weerth mit ihren Gedichten und publizistischen Schriften maßgeblich beteiligt. In ihnen kritisierten sie in ironisch-satirischer Form die restaurativen Tendenzen der Zeit, wiesen auf soziale Widersprüche, das materielle Elend von Bauern und Arbeitern (schlesische Weber) hin und engagierten sich für bürgerliche Grundrechte. Von solchen politischen Bestrebungen und Aktivitäten hielten sich Autoren wie Mörike und A. von Droste-Hülshoff fern. An traditionelle Formen den Lyrik anknüpfend, konzentrierten sie sich in ihren Gedichten – teils melancholisch, teils humorvoll – auf bürgerliche Innerlichkeit, auf die Privat- und Familiensphäre und suchten – wider die politische Zerrissenheit der Zeit – erneut die Nähe zur Natur.

Realismus (1848–1895) Die Domäne der nach der gescheiterten Revolution von 1848 einsetzenden literarischen Strömung des bürgerlichen Realismus ist die erzählende Literatur, nicht die Lyrik, schon gar nicht die Dramatik. Gleichwohl haben die wichtigsten Vertreter dieser Epoche, wie z. B. Keller, Storm, Fontane und Meyer auch bedeutende Gedichte geschrieben, Texte, die sich von den auf Innerlichkeit zielenden Gedichten der Restauration ebenso abzugrenzen versuchten wie von der engagierten politischen Lyrik des Vormärz. Dagegen forderte man die objektive Darstellung der Erfahrungswirklichkeit, allerdings mit der Einschränkung, sie auch poetisch zu verklären (poetischer Realismus), um das Wesen bzw. die Wahrheit der Wirklichkeit zu ergründen.

Im Vordergrund der Gedichte standen – unter Aussparung des Hässlichen – die Betrachtung des gewöhnlichen bürgerlichen Lebens in seinen mannigfaltigen Erscheinungsformen (bürgerlicher Realismus), der Mensch in seiner natürlichen und gesellschaftlichen Umgebung sowie Konflikte zwischen dem Individuum und der Gemeinschaft. Dabei orientierte man sich an konventionellen Gedicht- und Strophenformen, wie der Ballade und dem gereimten Vierzeiler.

Naturalismus (1880–1895) Der Naturalismus war eine gesamteuropäische literarische Bewegung. In Deutschland setzte sie als Radikalisierung realistischer Positionen erst verspätet ein. Vor dem Hintergrund der zunehmenden Verwissenschaftlichung und Industrialisierung, der rasanten Entwicklung der Großstädte und ihrer Verkehrsformen und der sich verschärfenden sozialen Frage wandte sie sich in ihren Dramen, Romanen und Gedichten gegen eine poetische Verklärung der Realität und stellte die Schattenreiten der Großstadt und Arbeitswelt, die Armut, soziale Verelendung, Prostitution und Alkoholismus dar. Abgesehen von Henckell und vor allem Holz, der sich in seinen Schriften gegen die Reimbindung in Gedichten aussprach und in seiner Lyrik mit neuen rhythmischen Formen (*Mittelachsenlyrik*) experimentierte, blieben die meisten Gedichte der Naturalisten konventionellen poetischen Mustern und Strophenformen verhaftet.

Symbolismus (1890–1905) Das, was die naturalistische Literatur prägte, die präzise soziologische Darstellung der äußeren Wirklichkeit, in Momentaufnahmen und Skizzen den Zusammenhang von Mensch und Milieu zu erfassen, ist für den Symbolismus und Impressionismus (Rilke, George, Hofmannsthal) unzureichend. Die literarische Reise geht für sie nach innen. Sie wollen in ihren Gedichten das zum Ausdruck bringen, was den äußeren Sinneswahrnehmungen zugrunde liegt: die schillernde und flüchtige Welt der Gefühle und Stimmungen, die unbewussten Strebungen und Triebe. Diese können nicht mehr benannt, sondern nur noch im artistischen

Wechselspiel der Metaphern und Symbole sowie in der spielerischen Verknüpfung unterschiedlicher Sinneswahrnehmungen umschrieben werden.

Expressionismus und Dadaismus (1910–1925) Unter den vielfältigen Kunst- und Literaturrichtungen um die Jahrhundertwende und nach 1900 haben sich insbesondere Künstler und Literaten des sogenannten Expressionismus (verstärkt nach 1910) mit dem Erlebnisraum der Großstadt, mit den neuen Verkehrs- und Kommunikationsformen, mit der Welt der Maschinen, mit einer arbeitsteiligen Gesellschaft, die zunehmend nach kapitalistischen Verwertungsprinzipien funktionierte, mit Institutionen, die einen Untertanengeist zu installieren und zu befestigen suchten, kritisch auseinandergesetzt. In ihren Bildern und Gedichten haben sie ihren Erfahrungen von Isolation, Ohnmacht, Zerrissenheit und Entfremdung künstlerischen Ausdruck verliehen. Der Wirklichkeit, die stetig anonymer, mechanischer und unübersichtlicher wurde, und dem eigenen Selbst entfremdet, reagierten sie mit Bildern des Ausgeliefertseins, des Persönlichkeitszerfalls oder gar Ichverlusts.

Als unerträglich empfanden sie den Widerspruch zwischen der rasanten Entwicklung der Technik und der Unterdrückung der eigenen Wünsche nach Unabhängigkeit und wahrer Gemeinschaft. In der künstlerischen Produktion versuchten sie sich von dem Druck der Verhältnisse zu befreien. Das Leid, die Spannung und die Irritation einer Zeit, in der man nicht mehr zu Hause war, die man für abgeschmackt, verdorben, wesenlos hielt, war der Ausgangspunkt der neuen künstlerisch-literarischen Bewegung. Um unmittelbar zum Wesen, zur Wahrheit, zu einem gesteigerten Lebensgefühl, ja zu einem neuen Menschsein vorzudringen, musste die junge Generation in ihren Gedichten den Kulissenschwindel der bürgerlichen Gesellschaft entlarven, ihre schillernde Erscheinungswelt verfremden, deren Fassaden zerschlagen. Charakteristisch für diese sind der *Groteskstil* und die *Simultantechnik*, vor allem aber der *Reihungsstil*, das unverbundene Nebeneinander von Satzfragmenten, Wörtern, sprachlichen Neuschöpfungen (Stramm) und visionären Bildern (Lichtenstein), mythologischen Projektionen des Bedrohlichen (Heym) und der Gewalt (Trakl) – allesamt sprachliche Reflexe einer Wirklichkeit, die nicht mehr als stimmig erfahren bzw. gedacht werden kann.

Auch wenn sich die Dadaisten von den Expressionisten strikt abzugrenzen versuchten, teilen sie mit diesen doch die krassen anti-bürgerlichen Affekte. Von den ästhetischen Möglichkeiten des Varietés inspiriert, machten sie ihre Lautgedichte und Unsinnspoesie (Schwitters) zum »Tummelplatz verrückter Emotionen« (Ball), um gegen den »Wahnsinn der Zeit« (Arp) zu protestieren, die Verlogenheit bürgerlicher Verständigungs- und Ordnungssysteme zu entlarven.

Neue Sachlichkeit (1920–1933) Vom Pathos und der visionären Bildlichkeit expressionistischer Lyrik hebt sich der nüchterne prosaische Stil der Dichter der Neuen Sachlichkeit ab. Diese wenden sich in ihren Gedichten – häufig in ironisch-satirischer Sprechweise – den aktuellen und konkreten Alltagsproblemen der Menschen, ihrem Zusammenleben in der Großstadt und ihren Sorgen in der Arbeitswelt, ihren Entfremdungsschäden, Illusionen und Glückserwartungen zu. Der Blick auf die Realität ist in den Gedichten skeptisch-melancholisch (Kästner, Kaléko); diese verstehen sich als Gebrauchslyrik. Dem neusachlichen Zeitgeist im Kulturleben der Weimarer Republik verpflichtet, setzte man sich vielfach mit reaktionären Tendenzen in der Gesellschaft, mit Militarismus und Nationalismus auseinander (Tucholsky).

M

Exilliteratur und innere Emigration (1933–1945) Mit der Machtübernahme der Nationalsozialisten im Jahr 1933 gingen viele bekannte Autoren ins Exil, um der drohenden politischen Diskriminierung und Verfolgung durch die neuen Machthaber zu entgehen. Damit war einem großen Teil von ihnen, vor allem den Lyrikern, ihre Existenzgrundlage genommen. Da ihnen das deutschsprachige Publikum fehlte, konnten sie ihre Gedichte kaum veröffentlichen. In ihnen klagten sie über den Verlust ihrer Heimat und Identität, reflektierten über die schwierigen Lebensbedingungen in der Fremde und attackierten das Nazi-Regime (Brecht, Kaléko, Hermann-Neiße). Viele dieser Texte wurden erst nach Kriegsende bekannt.

Von den Exilautoren sind solche Dichter abzugrenzen, die während der Nazi-Diktatur in Deutschland blieben und sich deren verbrecherischen Herrschaftsansprüchen durch »innere Emigration« (Thieß) entzogen sowie weiterhin Gedichte schrieben, diese aber nicht veröffentlichen konnten.

Nachkriegslyrik (1945–1965) Das Jahr 1945 war eine historische Zäsur in der deutschen Geschichte; sie brachte das Ende des Kriegs und mit ihm den Untergang des verbrecherischen Nazi-Regimes. Mit ihr verbanden sich Erfahrungen einer ruinösen Wirklichkeit und doch auch Hoffnungen des Neubeginns, des politischen Aufbaus einer zweiten Republik, die stabiler sein sollte als die erste. Auch im literarischen Leben suchten die Autoren nach einem neuen Anfang. Später ist daraus das Schlagwort von der »Stunde Null« geworden, die es aber in dieser radikalen Form genauso wenig gegeben hat wie den »Kahlschlag« in der Literatur. Freilich, die junge Generation forderte den völligen Bruch mit der faschistischen Vergangenheit, verlangte nach neuen Schreibweisen und innovativen ästhetischen Konzepten. Doch das lyrische Weltbild der Nachkriegsdeutschen war zunächst auf andere poetische Töne gestimmt: auf Naturlyrik. Die deutschen Nachkriegslyriker flüchteten sich vielfach in den geschichts-, gesellschafts- und politikfernen Raum der Natur, um sich in ihren Bildern, hier anknüpfend an literarische Traditionen zu Beginn der dreißiger Jahre, existenziell zu begreifen bzw. im Rückgriff auf mythische Denkmuster poetische Gegenwelten zur trostlosen Trümmer-Wirklichkeit aufzubauen.

Von solchen poetischen Bestrebungen ihrer Altersgenossen suchten sich Brecht und Benn mit ihren Gedichten abzugrenzen. Für die Entwicklung der Lyrik nach 1945 kommt ihnen eine besondere Bedeutung zu. Mit ihren Gedichten knüpften beide Autoren an die poetischen Traditionen und Tendenzen der literarischen Moderne an, zugleich übten sie mit ihnen aber auch einen erheblichen Einfluss auf die literarischen Produktionen ihrer jüngeren Zeitgenossen aus und waren so entscheidende Wegbereiter des literarischen Neubeginns. Sie beeinflussten vor allem jene Dichter, die »als literarische Nachgeborene« nach 1950 zu schreiben begannen, wie z. B. Kunert, Rühmkorf und Enzensberger. Vor allem die jüngere literarische Generation (Jahrgang 1929) reagierte mit ihren Gedichten auf die neuen politischen und sozialen Herausforderungen der Zeit.

Diese reflektieren die Auseinandersetzung mit zentralen historischen Ereignissen und dem gesellschaftspolitischen Strukturwandel, sind aber auch Dokumente ihrer Betroffenheit, Ängste und Hoffnungen. Ohne Rücksicht auf öffentliche Illusionen suchen sie nach radikalen poetischen Antworten auf eine Welt, deren soziale Widersprüche und Verwerfungen nur notdürftig durch die Wonnen des »Wirtschaftswunders« kaschiert wurden.

Gegenwart und Postmoderne (seit 1965) Ein genaueres Profil der Gegenwartslyrik erhält man dann, wenn man nach ihren thematischen Orientierungen, Gestaltungsformen und literarischen Bezugspunkten fragt. Vielen Autoren gemeinsam ist die Skepsis gegenüber universalen Sinngebungsmustern und kurzschlüssigen politischen Instrumentalisierungen. Viele Vertreter der Gegenwartslyrik knüpfen in ihren Gedichten an Prozesse der ästhetischen Moderne an, an die wirkungsmächtigen sprach- und bewusstseinskritischen Diskurse um 1900, an expressionistische und dadaistische Positionen, überhaupt an radikale Versuche, im Vollzug des poetischen Schreibens die Möglichkeiten der Sprache im Erfahren und Darstellen von Wirklichkeit zu erweitern. Auch in ihren Gedichten werden Krisenerfahrungen und Erneuerungsbemühungen des Ich sinnfällig. Das Spektrum der Texte reicht von solchen, die vordergründig ein intaktes poetisches Subjekt zur Sprache bringen (z. B. Hahn), über andere, in denen das Ich sich im poetischen Prozess selbst zu erfassen und zu verfassen sucht (z. B. Rühmkorf, Enzensberger), bis zu nervösen Bewusstseinsprotokollen bzw. lyrischen Stenogrammen einer Dingwelt, die sich in ein Vielerlei von Reizen und Empfindungen auflöst.

Gleichwohl, solche Zersplitterung von Realitätserfahrungen wird in den Gedichten nicht unbedingt als Verlust betrauert. Während die Gründungsväter der Moderne oft das Zerbrechen von Identität, den Verlust an Wahrheit und Wirklichkeit beklagten, die Vielfalt der Eindrücke wieder zur Synthese zu bringen suchten, sehen die Lyriker der Gegenwart in der Dezentrierung des Weltbildes, im Auseinanderbrechen der Einheit nichts Negatives, weil diese eben auch eine Vermehrung und Steigerung der Vielfalt von Lebensformen und Optionen verheißt. Deshalb bekennt man sich zur Fülle des Erfahrenen, zum collagierenden Spiel mit Bruchstücken aus seiner urbanen und medialen Umgebung, zu Installationen, in denen die Sprache des Körpers und der Körper der Sprache seziert und reflektiert werden. Entsprechend heterogen ist das Feld der Gegenwartslyrik. Kennzeichnend für sie ist eine Vielfalt von Themen, Motiven, Stilen, Formen, Genres und Milieus: Das Gedicht, das sich mal salopp, mal ernst, mal im Slang, mal im hohen Stil mit der literarischen Tradition auseinandersetzt (Gernhardt, Rühmkorf, Jacobs), hat seinen Platz genauso wie das experimentelle Spiel mit Lauten, Worten und Sätzen (Jandl, Kling); kühne apokalyptische Szenarien (Kunert) finden sich neben stilleren elegischen Versen, die in mannigfaltigen Brechungen an idyllische Momente der Kindheit und Natur erinnern; poetische Versatzstücke kontrastieren mit selbstbezüglichen Gedichten, die die stark subjektiv gefärbte Alltags- und Gelegenheitspoesie der siebziger Jahre fortsetzen, ohne dabei in ein spannungsloses Gerede abzugleiten.

Das Bild der Gegenwartslyrik wird von Texten geprägt, in denen die mediale Erfahrungswelt auf vielfältige literarische Weise verarbeitet, zugleich aber auch subjektive Erinnerungsarbeit geleistet wird. Seismographisch erfassen die Gedichte persönliche Erfahrungsweisen und Abweichwinkel, unter denen Sujets wie Liebe und Tod, Natur und Gesellschaft poetisch verarbeitet werden. Erkennbar ist eine neue Bereitschaft, ja Lust der Autorinnen und Autoren, sich spielerisch auf Elemente der literarischen Tradition einzulassen. Das Sonett, immer wieder tot gesagt, scheint auch oder gerade in der Gegenwart neue poetische Anreize und ästhetische Herausforderungen zu bergen. Und auch das Lied, die Naturform der Lyrik, hat nach wie vor Konjunktur, hat in Kombination mit anderen medialen Formen zu neuen poetischen Verbindungen, zu originellen Rhythmisierungen und suggestiven szenischen Arrangements in der Slam Poetry gefunden.

Verzeichnis der Gedichte nach Epochen

Mittelalter und frühe Neuzeit (um 750–16. Jh.)

Barock (1600–1720)

Aufklärung/Rokoko (1720–1800)

Sturm und Drang/Empfindsamkeit (ca. 1740–1785)

Klassik (1786–ca. 1810)

Zwischen Klassik und Romantik

Romantik (1795–1840)

Naturalismus (ca. 1880–1900)

Impressionismus/Symbolismus (ca. 1880–1914)

Expressionismus/Dadaismus (1905–1925)

Neue Sachlichkeit (1920–1933)

Exilliteratur (1933–1945)

Nachkriegszeit – Literatur in der BRD und DDR (1945–1960)

Gegenwart/Postmoderne (ab ca. 1960)

Autoren- und Textquellenverzeichnis

Primärtexte

Ausländer, Rose (1901–1988): Sprache (1976), S. 156. Aus: Im Aschenregen die Spur deines Namens. Gedichte und Prosa. Frankfurt/Main: Fischer 1976.

Bachmann, Ingeborg (1926–1973):
- Aria I (1957), S. 37. Aus: Werke. Hrsg. v. C. Koschel I. v., Weidenbaum und C. Münster. Bd. I: Gedichte, Hörspiele. Libretti. Übersetzungen. München: Piper 1978. S. 160.
- Alle Tage (1952), S. 103. Ebd. S. 46.
- Keine Delikatessen (1963), S. 176. Ebd. S. 172f.

Becher, Johannes R. (1891–1958): Spartakus (1919), S. 139. Aus: Die Aktion 9. Jg. 1919. Nr. 2/3.

Becker, Jürgen (*1932): Wiedersehen nach längerer Zeit (1977), S. 84. Aus: Erzähl mir nichts vom Krieg. Frankfurt/Main: Suhrkamp 1977. S. 84.

Beyer, Marcel (*1965): Verklirrter Herbst (2002), S. 107. Aus: Falsches Futter. Gedichte. Frankfurt am Main: Suhrkamp 1997.

Benn, Gottfried (1886–1956):
- Reisen (1950), S. 122. Aus: Gottfried Benn. Gedichte in der Fassung der Erstdrucke. Mit einer Einführung hrsg. von Bruno Hillebrand. Frankfurt/Main: Fischer 2006. S. 384.
- Ein Wort (1948), S. 154. Ebd. S. 304.
- Gedicht (1955), S. 175. Ebd. S. 470.

Biermann, Wolf (*1936): Ermutigung (1968), S. 143. Aus: Mit Marx- und Engelszungen. Berlin: Wagenbach 1968. S. 61.

Böttcher, Bas (*1974): dran glauben (2009), S. 128. Aus: Die Poetry-Slam-Expedition. Bas Böttcher. Ein Text-, Hör- und Filmbuch. Braunschweig: Schroedel 2009, S. 16f.

Braun, Volker (*1939) : Das Eigentum (1991), S. 146. Aus: DIE ZEIT. 10. Juni 1990.

Brecht, Bertolt (1898–1956):
- Das elfte Sonett (1934), S. 23. Aus Bertolt Brecht. Edition Werkausgabe. Gesammelte Werke 8–10. Gedichte. Bd. 9. Frankfurt/Main: Suhrkamp 1967. S. 539.
- Entdeckung an einer jungen Frau (1925/26), S. 36. Ebd. Bd. 8. S. 160.
- Erinnerung an die Marie A. (1920), S. 44. Ebd. Bd. 8. S. 232.
- Tannen (1953), S. 58. Ebd. Bd. 10. S. 1012 f.
- Rückkehr (1943), S. 88. Ebd. Bd. 10. S. 858.
- Vergnügungen (1954), S. 108. Ebd. Bd. 10. S. 1022.
- Die Lösung (1953), S. 123. Ebd. Bd. 10. S. 1009 f.
- Rudern, Gespräche (1953), S. 142. Ebd. Bd. 10. S. 1013.
- Auf einen chinesischen Teewurzellöwen (1951), S. 174. Ebd. Bd. 10. S. 997.

Brentano, Clemens (1788–1842): Sprich aus der Ferne (1801), S. 60. Aus: Werke. Bd. 1. Hrsg. v. W. Frühwald, B. Gajek und F. Kemp. München: Hanser 1968.
Brinkmann, Rolf Dieter (1940–1975):
– Einfaches Bild (1967), S. 28. Aus: Westwärts 1 & 2. Gedichte. Reinbek: Rowohlt 1975.
– Landschaft (1975), S. 59. Ebd. S. 99.
– Einen jener klassischen (1975), S. 208. Ebd. S. 5.
– Selbstbildnis im Supermarkt (1968), S. 111. Aus: Standphotos. Gedichte 1962–1970. Reinbek: Rowohlt 1980. S. 204.
Brockes, Barthold Hinrich (1680–1747): Kirschblüte bei der Nacht (1727), S. 50. Aus: Irdisches Vergnügen in Gott. Naturlyrik und Lehrdichtung, ausgewählt u. hrsg. v. Hans-Georg Kemper. Stuttgart: Philipp Reclam jun. 1999. S. 27 f.
Bürger, Gottfried August (1747–1794): Der Bauer (1773–75), S. 118. Aus: Gedichte, Hrsg. v. A. Sauer. Berlin: Spemann o.J.
Busch, Wilhelm (1832–1908): Dilemma (1874), S. 119. Aus: Aus: Wilhelm Busch. Gedichte. Hrsg. von Friedrich Bohne. Zürich: Diogenes 1974. S. 64 f.
Celan, Paul (1920–1970):
– Ein Blatt, baumlos (1971), S. 143. Aus: Paul Celan. Schneepart. Frankfurt/Main: Suhrkamp 1971.
– weggebeizt (1967), S. 153. Aus: Paul Celan. Gesammelte Werke in fünf Bänden. Bd. II. Frankfurt/Main: Suhrkamp 1986. S. 31.
Chiellino, Gino (*1946): Verstummung (1984), S. 165. Aus: Mein fremder Alltag. Kiel: Neuer Malik Verlag 1984. S. 36.
Claudius, Matthias (1740–1815):
– Abendlied (1779), S. 59. Aus: Matthias Claudius. Der Wandsbecker Bote. Mit einem Vorwort von Peter Suhrkamp und einem Nachwort von Hermann Hesse. Frankfurt/Main: Insel 1975. S. 291.
– Kriegslied (1779), S. 92. Ebd. S. 316.
Domin, Hilde (1909–2006): Linguistik (1962), S. 135. Aus: Rückkehr der Schiffe. Frankfurt/Main: Fischer 1962. S. 22.
Droste-Hülshoff, Annette von (1797–1848):
– Brennende Liebe (1841), S. 34. Aus: Annette von Droste-Hülshoff. Sämtliche Werke in zwei Bänden, Gedichte. Bd. 1. Hrsg. von Bodo Plachta und Winfried Woesler. Darmstadt: Wissenschaftliche Buchgesellschaft 1994. S. 100 f.
– Am Turme (1841/42), S. 115. Ebd. S. 74 f.
Eichendorff, Joseph von (1788–1857):
– Mondnacht (1837), S. 64. Aus: Eichendorff. Sämtliche Gedichte. Text und Kommentar. Hrsg. von Hartwig Schultz. Frankfurt/Main: Deutscher Klassiker Verlag 2006. S. 322.

– In Danzig (1842), S. 75. Ebd. S. 443.
– Frühlingsfahrt (1818), S. 114. Ebd. S. 224 f.
– Wünschelrute (1835), S. 150. Ebd. S. 328.
Eichendorff, Wilhelm von (1786–1849): Der Blick (1808), S. 33. Ebd. S. 574.
Enzensberger, Hans Magnus (*1929):
– geburtsanzeige (1975), S. 124. Aus: Hans Magnus Enzensberger: Verteidigung der Wölfe. Gedichte. Nachwort von Reinhold Grimm. Frankfurt/Main: Suhrkamp 1981. S. 69 f.
– Middle Class Blues (1964), S. 141. Aus: Blindenschrift. Frankfurt/Main: Suhrkamp 1975. S. 32 f.
Eich, Günter (1907–1972): Inventur (1945), S. 1574 Aus: Abgelegene Gehöfte. Mit vier Holzschnitten v. Karl Rössing. Frankfurt/Main: G. K. Schauer 1948. S. 42 f.
Fleming, Paul (1609–1640): An sich (1648) S. 110. Aus: Deutsche Gedichte. Hrsg. v. Karl Pörnbacher. München: Hanser 1979.
Fontane, Theodor (1819–1898): Auf dem Matthäikirchhof (1889), S. 159. Aus: Theodor Fontane. Gedichte. Hrsg. von Karl Richter. Stuttgart: Reclam 2006. S. 69 f.
Fried, Erich (1921–1988): Beim Nachdenken über Vorbilder (1966), S. 106. Aus: Erich Fried. und vietnam und. Berlin: Wagenbach 1966. S. 32.
George, Stefan (1868–1933): Das Wort (1919), S. 153. Aus: Sämtliche Werke in 18 Bänden. Bd. 9: Das Neue Reich. Bearbeitet von Ute Oelmann. Stuttgart: Klett-Cotta 2001.
Gernhardt, Robert (1937–2006):
– DU (1994), S. 26. Aus: Robert Gernhardt: Gesammelte Gedichte 1954–2006. (c) S. Fischer Verlag GmbH, Frankfurt/Main 2008.
– Roma aeterna (1991), S. 86. Aus: Robert Gernhardt: Gedichte 1954–1996. Zürich: Haffmans 1996. Copy Fischer Verlag 2007.
– Materialien zu einer Kritik der bekanntesten Gedichtform italienischen Ursprungs (1981), S. 179. Ebd. S. 116f.
Gleim, Johann Wilhelm Ludwig (1719–1803): Bei Eröffnung des Feldzuges (1756/57), S. 90. Aus: Ausgewählte Werke. Hrsg. von Walter Hettche. Göttingen: Wallstein 2003. S. 81 f.
Goethe, Johann Wolfgang von (1749–1832):
– Rastlose Liebe (1776), S. 31. Aus: Goethe. Berliner Ausgabe. Poetische Werke. Bd. 1. Gedichte und Singspiele I. Berlin und Weimar: Aufbau Verlag 1976. Bd. 1. S. 58 f.
– Ein gleiches (1780), S. 58. Ebd. S. 68
– Römische Elegien I. (1788/89), S. 73. Ebd. S. 170.
– Selige Sehnsucht (1814), S. 113. Ebd. Bd. 3. S. 22.
– Prometheus (1774), S. 133. Ebd. Bd. 1. S. 327 f.
– Wink (1814/15), S. 150. Ebd. Bd. 3. S. 30.
– Gedichte sind gemalte Fensterscheiben (1826), S. 168. Ebd. Bd. 1. S. 599.

Gomringer, Eugen (*1925): schweigen (1969), S. 155. Aus: worte sind schatten. die konstellationen 1951–1968. Hrsg. und eingeleitet v. H. Rein. Reinbek: Rowohlt 1969. S. 27.

Greiffenberg, Catharina von (1633–1694): Auf die fruchtbringende Herbstzeit (1662), S. 55. Aus: Geistliche Sonette. Lieder und Gedichte. Nürnberg: Endters 1662.

Grünbein, Durs (*1962):

– In der Provinz 3(1999) S. 70. Aus: Durs Grünbein: Nach den Satiren. Frankfurt/Main: Suhrkamp 1999. S. 11.

– Berlin (1976), S. 87. Aus: Durs Grünbein: Den Teuren Toten. 33 Epitaphe. Frankfurt/Main: Suhrkamp 1994.

– Novembertage I (1999), S. 146. Aus: Nach den Satiren, a.a.O., S. 64–65.

Gryphius, Andreas (1616–1664): Tränen des Vaterlandes. Anno 1636 (1643), S. 89. Aus: Freuden und Trauerspiele, auch Oden und Sonette. Breslau: Trescher 1663.

Günderrode, Karoline von (1780–1806): Die eine Klage (1806), S. 43. Aus: Der Schatten eines Traumes. Gedichte. Prosa. Briefe. Hrsg. von Christa Wolf. München: Deutscher Taschenbuch Verlag 1997. S. 101 f.

Günther, Johann Christian (1695–1723): Abschied von seiner ungetreuen Liebsten (1715), S. 40. Aus: Günthers Werke in einem Band. Berlin/Weimar: Aufbau-Verlag 1977. S. 32 ff.

Hagedorn, Friedrich von (1708–1754): An die Dichtkunst (1747), S. 167. Aus: Oden und Lieder in fünf Büchern. Hamburg Carl Bohn 1747. S. 3 f.

Hahn, Ulla (*1946):

– Gibt es eine weibliche Ästhetik? (1981), S. 25. Aus: Herz über Kopf. Stuttgart: Deutsche Verlagsanstalt 1981. S.330.

– Anständiges Sonett (1981), S. 38. Aus: Ulla Hahn. Liebesgedichte. Stuttgart: Deutsche Verlagsanstalt 1993. S. 15.

– Ars poetica (1981), S. 180. Aus: Herz über Kopf, a.a.O., S. 78.

Heine, Heinrich (1797–1856):

– Das Hohelied (1854), S. 20. Aus: Sämtliche Schriften in zwölf Bänden. Hrsg. v. Klaus Briegleb. Bd. 1 1817–1840. München: Hanser 1976. Bd. 11. S. 312 f.

– Ein Jüngling liebt ein Mädchen (1822), S. 44. Ebd. S. 90 f.

– Die Grenadiere (1816), S. 96. Ebd. Bd. 1. S. 47 f.

– Lass die heiligen Parabolen (1854), S. 118. Ebd. Bd. 11. S. 201 f.

– Die schlesischen Weber (1845), S. 136. Ebd. Bd.7, S. 495.

– Wahrhaftig (1827), S. 169. Ebd. Bd. 1. S. 64.

Heinrich von Morungen († um 1220): Owê, sol aber mir iemer me (um 1220), S. 15. Aus: Des Minnesangs Frühling. Bd. 1: Texte. Hrsg. von Higo Moser und Helmut Tervooren. 38., erneut revidierte Aufl. Stuttgart: Schirzel 1988.

Herrmann-Neiße, Max (1886–1941): Ein deutscher Dichter bin ich einst gewesen (1934), S. 173. Aus: Max Herrmann-Neiße: Ich gehe, wie ich kann. Gedichte. München: Hanser 1979. S. 71.

Henckell, Karl (1864–1929): Das Lied vom Eisenarbeiter (1884). S. 137. Aus: Gesammelte Werke. Bd. 2. Buch des Kampfes. München: Michael Müller Verlag 1921. S. 8 f.

Heym, Georg (1887–1912):

- Printemps (1911), S. 65. Aus: Georg Heym. Das lyrische Werk. Sämtliche Gedichte 1910–1912. Mit einer Auswahl der frühen Gedichte 1899–1909. Dichtungen und Schriften. Gesamtausgabe Band 1. Lyrik. Hrsg. v. Karl Ludwig Schneider. München: Deutscher Taschenbuch Verlag 1977. S. 261.
- Der Gott der Stadt (1911), S. 79. Ebd. S. 192.
- Der Krieg (1911), S. 98. Ebd. S. 346f.

Hoffmann von Hoffmannswaldau, Christian (1617–1679): Beschreibung vollkommener Schönheit (um 1670), S. 17. Nach: Deutsche Übersetzungen und Gedichte. Breslau: Fellgibel 1679.

Hofmannsthal, Hugo von (1874–1929):

- Siehst du die Stadt (1890), S. 77. Aus: Gesammelte Werke in zehn Einzelbänden. Gedichte. Dramen I. Frankfurt/Main: Suhrkamp 1979. S. 253
- Ballade des äußeren Lebens (1895), S. 121. Ebd. S. 23.
- Frage (1890), S. 160. Ebd. S. 88.

Hölderlin, Friedrich (1770–1843):

- Heidelberg (1800), S. 74. Aus: Hölderlin. Sämtliche Gedichte. Text und Kommentar. Hrsg. von Jochen Schmidt. Frankfurt/Main: Deutscher Klassiker Verlag 2005. S. 242 f.
- Hälfte des Lebens (1802/03), S. 112. Ebd. S. 320.
- Abendphantasie (1799), S. 158. Aus: Ebd. S. 218f.

Hölty, Ludwig Christoph Heinrich (1748–1776): Das Landleben (1775), S. 57. Aus: Der Göttinger Hain. Hrsg. von Alfred Kelletat. Stuttgart: Reclam 1967. S. 86f.

Holz, Arno (1863–1929): In den Grunewald (1898/99) S. 78. Aus: Phantasus. Verkleinerter Faksimiledruck der Erstfassung. Hrsg. v. Gerhard Schulz. Stuttgart: Reclam 1968.

Huchel, Peter (1903–1981): Der Garten des Theophrast (1962), S. 67. Aus: Chausseen. Chausseen. Frankfurt/Main: S. Fischer 1963.

Jacobs, Steffen (*1968):

- Jardin nouveau (1996) S. 106. Aus: Steffen Jacobs: Der Alltag des Abenteurers. Gedichte. Frankfurt/Main: S. Fischer Verlag 1996.
- Begegnung (1996), S. 165. Aus: Ebd. S. 17.

Jandl, Ernst (1925–2000):

- schtzngrmm (1957), S. 105. Aus: Laut und Luise. Neuwied: Luchterhand 1971. S. 45.

- wien: heldenplatz (1976), S. 144. Aus: Gesammelte Werke. Hrsg. v. Klaus Siblewski. Bd. 1 u. 2. Frankfurt/Main: Luchterhand 1990.
- kaltes gedicht (1996), S. 157. Ebd.
- erstes sonett (1989), S. 180. Ebd.

Kaléko, Mascha (1907–1975):
- »Alte Flamme« bei Licht besehen (1945), S. 49. Aus: Verse für Zeitgenossen. Reinbek: Rowohlt 1990. S. 37.
- Großstadtliebe (1933), S. 83. Aus: Das lyrische Stenogrammheft. Verse vom Alltag. Reinbek: Rowohlt 1990.

Kaschnitz, Marie Luise (1901–1974): Hiroshima (1957), S. 104. Aus: Überallnie. © 1965 Claassen Verlag in der Ullstein Buchverlage GmbH, Berlin.

Kästner, Erich (1899–1974):
- Verdun, viele Jahre später (1931), S. 101. Aus: Erich Kästner: Werke. Bd. 1. München/Wien: Hanser 1998. S. 217 f. © Atrium Verlag, Zürich und Thomas Kästner.
- Jahrgang 1899 (1928), S. 139. Aus: Gesammelte Schriften für Erwachsene. Bd. 1: Gedichte. Zürich: Atrium 1969. . © Atrium Verlag, Zürich und Thomas Kästner.

Keller, Gottfried (1819–1890): Die Zeit geht nicht (1851), S. 117. Aus: Sämtliche Werke und ausgewählte Briefe. Bd. 3. Hrsg. v. C. Heselhaus. 4. Aufl. München: Hanser 1979.

Kirsch, Sarah (*1935): Im Sommer (1974), S. 68 Aus: Rückenwind. Ebenhausen: Langewiesche-Brandt 1977. S. 51.

Kiwus, Karin (*1942): Fragile (1979), S. 51. Aus: Angenommen später. Gedichte. Frankfurt/Main: Suhrkamp 1979. S. 15.

Kling, Thomas (1957–2005): Gewebeprobe (1994), S. 181. Aus: morsch. Gedichte. Frankfurt/Main: Suhrkamp 1996.

Köhler, Barbara (*1959): Guten Tag (1995) S. 52. Aus: Barbara Köhler: Blue Box. Gedichte. Frankfurt/Main: Suhrkamp 1995. S. 28.

Körner, Theodor (1791–1813): Das Lützow'sche Freikorps (1813), S. 95. Aus: Theodor Körner. Werke. Hrsg. von Hans Zimmer. Leipzig und Wien: Bibliographisches Institut o.J. S. 93.

Krechel, Ursula (*1947): Liebe am Horizont (1977), S. 50. Aus: Nach Mainz! Gedichte. Darmstadt / Neuwied: Luchterhand Literaturverlag 1977 einem Unternehmen der Verlagsgruppe Random House GmbH. S. 48.

Kunert, Günter (*1929): Metropolis (1990), S. 85. Aus: Fremd daheim. München/Wien: Hanser 1990. S. 101.

Lasker-Schüler, Else (1869–1945):
- Ein alter Tibetteppich (1910), S. 36. Aus: Sämtliche Gedichte. Hrsg. von Friedhelm Kemp. München: Kösel 1977. S. 103.
- Mein blaues Klavier (1943), S. 122. Ebd. S. 198.

Lenau, Nikolaus (1802–1850): Himmelstrauer (1831), S. 63. Aus: Nikolaus Lenau. Sämtliche Werke und Briefe in zwei Bänden. Frankfurt/Main: Insel 1971. S. 64.
Lessing, Gotthold Ephraim (1729–1781): Der Tanzbär (1751), S. 132. Aus: Werke. Bd. 1. Hrsg. von Herbert G. Göpfert. Darmstadt: Wissenschaftliche Buchgesellschaft 1996. Copyright 1970 Hanser Verlag München.
Lichtenstein, Alfred (1889–1914): Gesänge an Berlin (1914), S. 80. Aus: Gesammelte Gedichte. Hrsg. von Klaus Kanzog. Zürich: Verlag der Arche, Peter Schifferli 1962.
Liliencron, Detlev von (1844–1909): Dichterzunft (1889), S. 170. Aus: Monatsblätter. Organ des Vereins »Breslauer Dichterschule«. Jg. 15, 1889, Nr. 1, Januar. S. 7.
Logau, Friedrich von (1604–1655): Heutige Weltkunst/Die jetzige Welt-Kunst (1654), S. 131. Aus: Gedichte des Barock. Hrsg. von Ulrich Maché und Volker Meid. Stuttgart: Reclam 1980. S. 143.
Mayröcker, Friederike (*1924): was brauchst du (1996). S. 127. Aus: Gesammelte Gedichte. 1939–2003. Hrsg. von Marcel Beyer. Frankfurt/Main: Suhrkamp 2004.
Mereau, Sophie (1770–1806): In Tränen geh ich nun allein (1803), S. 32. Aus: Frühwald, Wolfgang (Hrsg.): Gedichte der Romantik. Stuttgart: Reclam 1984, S. 94.
Meyer, Conrad Ferdinand (1825–1898): Zwei Segel (1895), S. 161. Aus: Sämtliche Werke. Bd. 1. Hrsg. von H. Zeller und A. Zäch. Bern: Benteli 1963. S. 196.
Mörike, Eduard:
– Das verlassene Mägdlein (1832), S. 45. Aus: Sämtliche Werke. Hrsg. von H. G. Göpfert. München: Hanser 1976. S. 50.
– Um Mitternacht (1827), S. 62. Aus: Sämtliche Werke. Bd. I. Hrsg. v. J. Perfahl. München: Winkler 1967.
Nietzsche, Friedrich:
– Der Freigeist/Vereinsamt (1884), S. 120. Aus: Friedrich Nietzsche. Gedichte. Mit einem Nachwort hrsg. von Jost Hermand. Stuttgart: Reclam 1990. S. 24.
– Das Wort (1892), S. 151. Ebd. S. 43.
Novalis: Wenn nicht mehr Zahlen und Figuren (1800), S. 149. Aus: Novalis: Schriften. Hrsg. von Paul Kluckhohn u. Richard H. Samuel. Stuttgart: W. Kohlhammer, 1960, S. 344.
Opitz, Martin(1597–1639): Sonett über die Augen der Astree (1625), S. 16. Aus: Gedichte des Barock. Hrsg. von Ulrich Maché und Volker Meid. Stuttgart: Reclam 1986. S. 27.
Ostermaier, Albert (*1967): ratschlag für einen jungen dichter (1995). S. 182. Aus: Herz Vers Sagen. Gedichte Frankfurt/Main: Suhrkamp 1995.

Platen, August von (1797–1835): Tristan (1825), S. 19. Aus: August von Platen. Sämtliche Werke. Hrsg. v. M. Koch und E. Petzet. Leipzig: Hesse o. J.
Politycki, Matthias (*1955): Fast eine Romanze (I) (2009), S. 39. Aus: Die Sekunden danach. Hamburg: Hoffmann und Campe 2009. S. 18.
Rilke, Rainer Maria (1875–1926):
– Liebes-Lied (1907), S. 35. Aus: Sämtliche Werke. Hrsg. vom Rilke-Archiv in Verbindung mit Ruth Sieber-Rilke, besorgt v. Ernst Zinn. Frankfurt/Main: Insel 1955. Bd. 2. S. 482.
– Abend (1904), S. 64. Aus: Ebd. Bd. 1. Frankfurt/Main: Insel 1955. S. 405.
– Ich fürchte mich so sehr vor der Menschen Wort (1899), S. 152. Ebd. Bd. 2. S. 194f.
Rühmkorf, Peter (1929–2008):
– Bleib erschütterbar und widersteh (1979), S. 145. Aus: Haltbar bis Ende 1999. Reinbek: Rowohlt 1979.
– Geschlossene Anstalt (2008), S. 182. Aus: Paradiesvogelschiß. Gedichte. Reinbek bei Hamburg: Rowohlt 2008. S. 103.
Scheuermann, Silke (*1973): Dem ehemals häufigsten Vogel der Welt (2001), S. 71. Aus: Der Tag an dem die Möwen zweistimmig sangen. Frankfurt/Main: Suhrkamp 2001.
Schiller, Friedrich (1759–1805):
– Die Begegnung (1797), S. 18. Aus: Friedrich Schiller. Gedichte. Hrsg. von Norbert Oellers. Stuttgart: Reclam 1999. S. 66.
– Der Antritt des neuen Jahrhunderts . An*** (1801), S. 93. Ebd. S. 225.
– Sprache (1797), S. 149. Ebd. S. 215.
– An den Dichter (1797), S. 168. Ebd. S. 215.
Schwarz, Sibylla (1621–1638): Ist Lieb ein Feur? (ersch. 1650), S. 30. Aus: Gedichte des Barock, a.a.O., S. 23.
Schwitters, Kurt (1887–1948): An Anna Blume (1919), S. 21. Aus: Kurt Schwitters Almanach. Hrsg. v. M. Erlhoff. Hannover: Postskriptum 1982. S. 83.
Stadler, Ernst (1883–1914): Form ist Wollust (1914), S. 172. Aus: Ernst Stadler. Dichtungen. Hrsg. von Karl Ludwig Schneider. Bd. 1. Hamburg: Ellermann 1954. S. 127.
Storm, Theodor (1817–1888):
– Hyazinthen (1852), S. 46. Aus: Theodor Storm: Sämtliche Werke in 4 Bänden. Bd. 1. Hrsg. von Peter Goldammer. Berlin: Aufbau 1956. S. 71.
– Die Stadt (1852), S. 76. Aus: Sämtliche Werke. Hrsg. v. A. Köster. Leipzig: Insel 1923.
Stramm, August (1874–1915):
– Untreu (1915), S. 47. Aus: Das Werk. Hrsg. v. R. Radrizzani. Wiesbaden: Limes 1963. S.16.
– Patrouille (1914), S. 100. Ebd. S. 86.

Theobaldy, Jürgen (*1944): Das Glück der Werbung (1983), S. 128. Aus: Kristallisationen. Deutsche Gedichte der achtziger Jahre. Hrsg. von Theo Elm. Stuttgart: Reclam 1992. S. 91 f.
Trakl, Georg (1887–1914):
– Verklärter Herbst (1912), S. 66. Aus: Dichtungen und Briefe. Hrsg. v. W. Killy und H. Szklenar. Bd. I. Salzburg: Otto Müller 1969. S. 37.
– Grodek (1915), S. 100. Aus: Das dichterische Werk. Auf Grund der historisch-kritischen Ausgabe hrsg. v. Walter Killy u. Hans Szklenar. München: Deutscher Taschenbuch Verlag 1972. 12. Aufl. 1990. S. 95 f.
Treichel, Hans-Ulrich (*1952): Nachdem du gegangen bist (2007), S. 53. Aus: Südraum Leipzig. Frankfurt/Main: Suhrkamp 2007. S. 41.
Tucholsky, Kurt (1890–1935): Augen in der Großstadt (1930), S. 81. Aus: Gesammelte Werke. Bd. VIII. Hrsg. v. M. Gerold-Tucholsky und F.J. Raddatz. Reinbek: Rowohlt 1975. S. 69.
Volks, Sybil (*1965): Serpentinen-Terzinen (2002), S. 27. Aus: Lyrik von Jetzt. Hrsg. von Björn Kuhligk und Jan Wagner. Köln 2003. S. 308.
Walther von der Vogelweide (um 1170–um 1230):
– Unter den linden (nach 1198), S. 29. Aus: Gedichte. Ausgew. u. übers. v. P. Wapnewski. 7. Aufl. 1976. Frankfurt/Main: Fischer 1962. S. 81.
– Ich saz uf eime steine ... (1198 / 1201), S. 109. Aus: Jörg Schäfer: Walter von der Vogelweide. Werke. Text und Prosaübersetzung. Darmstadt: Wissenschaftliche Buchgesellschaft 1972. S. 222.
Werfel, Franz(1890–1945): Der Mensch ist stumm (1930), S. 163. Aus: Motivgleiche Gedichte. Hrsg. v. Erich Hock. Bamberg/Wiesbaden: Bayrische Verlagsanstalt 1969. S. 69.
Wolfenstein, Alfred (1883–1945): Städter (1914), S. 162. Aus: Die gottlosen Jahre. Berlin: S. Fischer 1914. S. 25, Copyright Frank T. Wolfenstein, London.

Sekundärtexte

Anderegg, Johannes (*1938): Das Gedicht und sein Nicht-mehr (1985), S. 188 ff.. Aus: Sprache und Verwandlung. Göttingen: Vandenhoeck & Ruprecht 1985. S. 123–127.
Bachmann, Ingeborg (1926–1973): Wozu Lyrik? (1955), S. 197 f. Aus: Die Wahrheit ist dem Menschen zumutbar. Essays, Reden, Kleinere Schriften. München: Piper 2011.
Benn, Gottfried (1886–1956): Probleme der Lyrik (1951), S. 191 ff.. Aus: Gesammelte Werke in acht Bänden. Hrsg. von Dieter Wellershoff. Bd. 4. Reden und Vorträge. Wiesbaden: Limes 1968. S. 1058–1060; 1070–1071.
Brecht, Bertolt (1898–1956): Über das Zerpflücken von Gedichten (1930–40), S. 201. Aus: Gesammelte Werke in 20 Bänden. Bd. 19. Frankfurt / Main: Suhrkamp 1967. S. 123

Brinkmann, Rolf Dieter (1940–1975): Vorwort zu dem Band »Die Piloten« (1968), S. 194ff. Aus: Die Piloten. Neue Gedichte. Köln: Kiepenheuer & Witsch 1968.
Enzensberger, Hans Magnus (*1929): Scherenschleifer und Poeten (1955), S. 198f. Aus: Hans Bender (Hrsg.): Mein Gedicht ist mein Messer. München: List 1969. S. 146ff.
Goethe, Johann Wolfgang (1749–1832): Naturformen der Dichtung (1819), S. 187f. In: Noten und Abhandlungen zu besserem Verständnis des Westöstlichen Divans: In: Goethes Werke. Hamburger Ausgabe. Bd. 2. Textkritisch durchgesehen und mit Anmerkungen versehen von Erich Trunz. Hamburg: Wegener 1967. S. 187–189.
Thalmayr, Andreas (Hans Magnus Enzensberger) (*1929): Gedichte lesen (1985), S. 202. Aus: Das Wasserzeichen der Poesie oder die Kunst und das Vergnügen, Gedichte zu lesen. In 140 Spielarten vorgestellt von A. Thalmayr. Nördlingen: Greno 1985. S. Vff.

Bildquellen

Seite 14: Bridgeman Art Library Ltd. Berlin (© Christies Images / VG Bild-Kunst, Bonn 2013).
Seite 25: VG BILD-KUNST, Bonn (© 2013).
Seite 28: Picture-Alliance GmbH, Frankfurt/M. (prismaarchivo).
Seite 47: VG BILD-KUNST, Bonn (© 2013 / © The Munch Museum / the Munch Ellingsen Group).
Seite 53: akg-images GmbH, Berlin (© Christian Schad Stiftung Aschaffenburg / VG Bild-Kunst Bonn 2013).
Seite 54: akg-images GmbH, Berlin.
Seite 72: Picture-Alliance GmbH, Frankfurt/M. (akg-images).
Seite 82: Jüdisches Museum der Stadt Frankfurt am Main, Frankfurt / M. (© Ludwig Meidner-Archiv).
Seite 88, 108, 130: akg-images GmbH, Berlin.
Seite 137: VG BILD-KUNST, Bonn.
Seite 148: Scala Archives, Bagno a Ripoli / Firenze.
Seite 157: Scala Archives, Bagno a Ripoli / Firenze (The Museum of Modern Art, New York, 2009).
Seite 166: Bridgeman Art Library Ltd. Berlin.

Anmerkungen

S. 15

Heinrich von Morungen (Übertragung) Ach, / wird mir denn jemals wieder / ihr wunderschöner Körper / durch die Nacht leuchten, / weißer noch als Schnee? / Der täuschte meine Augen. / Ich glaubte, es wäre der Glanz des hellen Mondes. / Da brach der Tag an.
Ach, / wird er denn jemals wieder / den Morgen hier verbringen? / Möge uns doch die Nacht einmal so vergehen, / daß wir nicht klagen müssen: / »O weh, nun ist es Tag«, / wie er klagend ausrief, / als er das letzte Mal bei mir schlief. / Da brach der Tag an.
Ach, / sie küsste mich / im Schlaf unzählige Male. / Da rannen / ihre Tränen nieder. / Doch ich tröstete sie, /sodass sie aufhörte zu weinen / und mich zärtlich umarmte. / Da brach der Tag an.
»Ach, / dass er sich so oft / in meinem Anblick verloren hat! / Als er die Decke zurückschlug, / so wollte er sehen / meine nackten unverhüllten Arme. / Es war ein großes Wunder, / dass er diesen Anblick nie leid wurde. / Da brach der Tag an.«

S. 17

Berenice Gemahlin des ägyptischen Pharaos Ptolemäus III., die aus Dankbarkeit über dessen Rückkehr aus dem Krieg gegen die Syrer ihr schönes Haar der Aphrodite opferte.

S. 19

Tristan Titelheld der keltischen Sage von »Tristan und Isolde«: Tristan gewinnt Isolde als Braut für den König Marke, verfällt ihr aber durch einen Zaubertrank.

S. 28

Der Kürenberger (Übertragung) Ich zog mir einen Falken (auf oder heran), länger als ein Jahr lang. / Als ich ihn gezähmt hatte, (so) wie ich ihn haben wollte, / und ich sein Gefieder mit Gold(-fäden) schön umwunden hatte, / (da) erhob er sich weit in die Höhe und flog in andere Länder (davon). / Seither sah ich den Falken schön dahinfliegen, / er führte an seinem Fuß seidene Bänder, / und sein Gefieder war ganz rot von Gold. / Gott sende sie zusammen, die einander gerne lieben wollen.

S. 32

In Tränen geh ich Das Gedicht stammt aus Sophie Mereaus Brief vom 29. August 1803 an Clemens Brentano, den sie wenige Monate später (in zweiter Ehe) heiratete.

S. 70

stoischer Philosoph Philosoph der Stoa; diese philosophische Schule strebte Befreiung von Leidenschaften und Gleichgültigkeit gegenüber allen äußeren Gütern an.

S. 77

Siehst du die Stadt Bei dem Gedicht handelt es sich um einen Textausschnitt aus dem Dramolett von Hofmannsthals »Der Tod des Tizian«.

S. 78

Grunewald, Halensee, Spandau, Schmargendorf, Pichelsberg, Pankow, Rixdorf Orte/Stadtteile in Berlin

Kremser offener Wagen mit Verdeck

Luna Mond

Stullenpapier Papier, in das Butterbrote eingewickelt wurde.

Blaue Blume Symbol der Romantik für Sehnsucht und Utopie

S. 85

Metropolis Hauptstadt; monumentaler Stummfilm des deutschen Expressionismus, den Fritz Lang 1925/26 drehte; Schauplatz einer futuristischen Großstadt.

S. 93

Brennus Heerführer der Gallier; besiegte die Römer vermutlich im Jahr 387 v. Chr. Die siegreichen Gallier plünderten in der Folge die Stadt Rom. Der Legende nach warfen die Römer bei der Auswägung des Lösegelds Brennus vor, falsche Gewichte zu benutzen. Daraufhin soll Brennus mit den Worten »vae victis!« (dt. »Wehe den Besiegten!«) zusätzlich sein Schwert in die Waagschale geworfen haben, sodass die Römer nun noch mehr Gold zahlen mussten.

S. 100

Grodek Ort einer Schlacht zwischen Russen und Österreichern in der Ukraine im August 1914.

Schwester Schatten Trakl hatte zu seiner jüngeren Schwester Margarethe eine enge und vermutlich inzestuöse Beziehung.

S. 99

Gomorrh Gomorrha galt nach biblischer Auffassung neben Sodom als Stätte des Lasters und der Sünde, wurde deshalb vernichtet (1. Mose 19).

S. 104

Der den Tod auf Hiroshima warf Am 6. August 1945 warf ein US-Bomber unter der Leitung von Paul W. Tibbets, Jr. (1915–2007) die erste Atombombe auf die japanische Großstadt Hiroshima ab; es gab über 200 000 Todesopfer.

S. 127

Sieh unsern dicken Jungen – aus Glas Anspielung auf eine Zeile in Alfred Lichtensteins expressionistischem Gedicht »Die Dämmerung«: »Ein dicker Junge spielt mit einem Teich.«

Mir rutscht … die Flut der Angebote Anspielungen auf die erste Strophe von Jakob van Hoddis' expressionistischem Gedicht »Weltende«: Dem Bürger fliegt vom spitzen Kopf der Hut … Und an den Küsten – liest man – steigt die Flut.«

S. 133

Prometheus In der griechischen Mythologie der Freund und Kulturstifter der Menschheit, brachte gegen den Willen des Göttervaters den Menschen das Feuer. Zeus ließ ihn fangen und einen Felsen des Kaukasus fesseln. Ohne Essen und Trinken musste Prometheus dort ausharren und jeden Tag kam der Adler Ethon und fraß von Prometheus' Leber, die sich zu dessen Qual immer wieder erneuerte, da er ein Unsterblicher war. Und so sollte seine Qual viele Jahrhunderte dauern, bis Herakles, von Mitleid erfüllt, ihn erlöste. Aber selbst da musste er fortan einen Ring mit einem Stein aus dem Kaukasus tragen, damit sich Zeus rühmen konnte, er sei immer noch daran gefesselt.

S. 136

den dreifachen Fluch Die drei Flüche beziehen sich auf den ersten Stand (Adel), den zweiten Stand (Klerus) und den dritten Stand (Bürgertum).

S. 141

17. Juni / Sekretär des Schriftstellerbands Das Gedicht setzt sich mit dem Arbeiteraufstand am 17. Juni 1953 in der DDR auseinander. Es ist Brechts poetische Antwort auf das Gedicht »Wie ich mich schäme«, das Kurt Barthel, Sekretär des Schriftstellerverbandes, im »Neuen Deutschland« veröffentlicht hatte. Empört kritisierte dieser hier die Bauarbeiter, die gegen die Erhöhung der Arbeitsnormen rebelliert hatten. Sein Schlussappell lautete: »Da werdet ihr sehr viel und sehr gut mauern und / künftig sehr klug handeln müssen, ehe euch diese Schmach vergessen wird.«

S. 145

Scylla und Charybde (auch Charybdis) Zwei mythische Meerungeheuer aus der Odyssee des Homer, die Seefahrer, die ihnen zu nahe kommen, töten; zusammen sind sie zwei unvermeidliche, gleich große Übel.

S. 146

Stottern der Gesetze Günter Schabowski, Mitglied des Politbüros der DDR, verkündete am 09. 11. 1989 auf einer Pressekonferenz – stotternd und sich verheddernd – die Öffnung der Grenze.

S. 154

Sphären Geozentrische Vorstellung, dass das Himmelsgewölbe aus konzentrischen durchsichtigen Kugelschalen besteht.

S. 164

Was sind das für Zeiten Was sind das für Zeiten, wo / Ein Gespräch über Bäume fast ein Verbrechen ist. / Weil es ein Schweigen über so viele Untaten einschließt!
Bertolt Brecht, An die Nachgeborenen